Josef Huber: DER EHEKONSENS IM RÖMISCHEN RECHT

Analecta Gregoriana

Cura Pontificiae Universitatis Gregorianae edita

Vol. 204. Series Facultatis Iuris Canonici: Sectio B, n. 38

JOSEF HUBER

DER EHEKONSENS IM RÖMISCHEN RECHT

STUDIEN ZU SEINEM BEGRIFFSGEHALT IN DER KLASSIK UND ZUR FRAGE SEINES WANDELS IN DER NACHKLASSIK

UNIVERSITÀ GREGORIANA EDITRICE

ROMA 1977

JOSEF HUBER

DER EHEKONSENS IM RÖMISCHEN RECHT

STUDIEN ZU SEINEM BEGRIFFSGEHALT IN DER KLASSIK UND ZUR FRAGE SEINES WANDELS IN DER NACHKLASSIK

UNIVERSITÀ GREGORIANA EDITRICE

ROMA 1977

IMPRIMI POTEST

Romae, die 25 Ianuarii 1977

R. P. Hervé Carrier, S. I.
Rector Universitatis

Con approvazione del Vicariato di Roma
in data 28 gennaio 1977

TYPIS PONTIFICIAE UNIVERSITATIS GREGORIANAE — ROMAE

VORWORT

Die vorliegende Untersuchung bietet die überarbeitete Dissertation, die im Wintersemester 1971/72 der Kanonistischen Fakultät der Universität Gregoriana Rom zur Erlangung der Doktorwürde im kanonischen Recht vorgelegen hat.

Prof. Dr. Olis Robleda S.J. hat die Bearbeitung des Themas angeregt und stets mit seinem Rat gefördert. Für alle Hilfe und Ermutigung möchte ich meinem verehrten Lehrer aufrichtig danken.

Aufrichtiger Dank sei auch Herrn Prof. Dr. Urbano Navarrete S.J. für alle Anregungen gesagt.

Weiterer Dank gebührt allen Professoren der Kanonistischen Fakultät, die in mir die Liebe zum Kirchenrecht vertieften.

Diese Arbeit wäre ohne die Freistellung zum Studium nicht zustandegekommen. Dafür darf ich meinem Oberhirten, Sr. Eminenz Hermann Kardinal Volk, Bischof von Mainz, danken.

QUELLEN — UND LITERATURVERZEICHNIS

I. QUELLEN

BASILIKEN (Bas), hrsg. v. C.G.E. Heimbach, 6 Bde, 1833-70.

CODEX IURIS CANONICI (CIC), Rom 1917.

CODEX THEODOSIANUS, hrsg. v. Th. Mommsen-P.M. Meyer, 2 Bde (1905; Neudr. 1954).

CORPUS IURIS CIVILIS, editio stereotypa, hrsg. v. P. Krüger - Th. Mommsen - R. Schoell - G. Kroll, Bd. 1: Institutiones (Inst.) und Digesten (D), 16. Aufl., Berlin 1954; Bd. 2: Codex (C), 12. Aufl., Berlin 1959; Bd. 3: Novellae (Nov.), 7. Aufl., Berlin 1959.

CORPUS SCRIPTORUM ECCLESIASTICORUM LATINORUM (CSEL), Wien 1866 ff.

EHEGESETZ (EheG) vom 20. Februar 1946 (Gesetz Nr. 16 des Kontrollrats), Beck'sche Textausgabe, 18. Aufl., München Stand v. 1. 9. 1973.

FONTES IURIS ROMANI ANTEIUSTINIANI (FIRA), 2. Aufl. I: Leges, hrsg. v. S. Riccobono, Florenz 1941, II: Auctores, hrsg. v. I. Baviera et I. Furlani, 1940, III: Negotia, hrsg. v. V. Arangio-Ruiz, 1943.

LEX ROMANA VISIGOTHORUM, hrsg. v. B. Haenel, Leipzig 1849, Neudruck 1962.

Mansi Giovanni Domenico, SACRORUM CONCILIORUM NOVA ET AMPLISSIMA COLLECTIO, 31 Bde, Florenz-Wenedig 1757/98; Neudruck u. Forts. hrsg. von L. Petit u. J. M. Martin in 60 Bdn, Paris 1899-1927.

Migne Jacques, PATROLOGIA LATINA (PL), 217 Bde u. 4 Reg.-Bde, Paris 1878-90.

LEGES NOVELLAE AD THEODOSIANUM PERTINENTES, hrsg. v. Paul M. Meyer, 2. Aufl., Berlin 1954.

STRAFGESETZBUCH (STGB), Beck'sche Textausgabe, 14. Aufl., München Stand v. 1. 1. 1974.

II. LITERATURVERZEICHNIS

E. ALBERTARIO, *Da alcuni riferimenti al matrimonio e al possesso in San Agostino*: AG 106 (1931) 21-44 = Studi I (Mailand 1933) 229-247.

—, *Honor matrimonii e affectio maritalis*: RAL 62 (1929) 808-820 = *Studi* I, 195-210.

—, *L'autonomia dell'elemento spirituale nel matrimonio e nel possesso romano giustinianeo*: Studi Ascoli, 153 ff = *Studi* I, 211-228.

—, *La definizione del matrimonio secondo Modestino*: Studi Albertoni I, 241-256 = *Studi* I, 179-193.

—, *Matrimonio*: Enc. Ital. 22 (1934) 580-581.

—, *Postliminio e possesso*: SDHI 6 (1940) 384-387.

R. AMBROSINO, Besprechung von Volterra (*La conception*): SDHI 11 (1945) 337-349.

A. AMIRANTE, *Captivitas e postliminium*, Neapel 1950.

M. ANDRÉEV, *Divorce et adultère dans le droit romain classique*: RH 35 (1957) 1-32.

R. ASTOLFI, *La Lex Iulia et Papia*, Padua 1970.

V. BANDINI, *Appunti in tema di reato e adulterio: Studi Ratti* 497-507.

V. BASANOFF, *Les sources chrétiennes de la loi de Constantin sur le repudium (Cod. Theod. III, 16, 1 a. 331) et le champ d'application de cette loi: Studi Riccobono* III, 175-199.

G. V. BESELER, *Miscellanea: SZ* 44 (1924) 359-395.

—, *Miscellanea: SZ* 45 (1925) 188-265.

B. BIONDI, *Il diritto romano*, Bologna 1957.

—, *Il diritto romano cristiano*, I u. II (Mailand 1952), III (1954).

—, *La legislazione di Augusto: Conferenze augustee nel bimillennario della nascita* (Mailand 1939) 141-262 = Scr. II, 77-188.

J. A. A. BONET, *En torno a la no reintegración iure postliminii del matrimonio romano: AHDE* 25 (1955) 567-581.

P. BONFANTE, *Corso di diritto romano* I: *Diritto di famiglia*, Rom 1925, Neudruck 1963.

G. BRINI, *Matrimonio e divorzio nel diritto romano*, I (Bologna 1886), II (1888), III (1889).

O. BUCCI, Besprechung von Robleda (*El matrimonio*) *Apollinaris* 45 (1972) 549-555.

E. BUND, *Untersuchungen zur Methode Julians*, Köln-Graz 1965.

A. BURDESE, *Gli istituti del diritto privato romano*, Turin 1962; 2. Aufl. 1964.

—, *Manuale di diritto privato romano*, Padua 1962.

L. CAES, *A proposito del Frammento Vaticano 116: SDHI* 5 (1939) 123-132.

—, *La terminologie du divorce dans les textes juridiques latins et les constitutions grecques de Justinien: Mél. Et. van Cauwenbergh* (Löwen 1961) 167-180.

—, *De wettige gronden tot eenzijdige echtscheiding in Constantijns wet de repudiis (CTh. 3, 16, 1; 331): Phil. studien*, n. 20 (1939) 38 p.

V. CAPOCCI, *Il testo del responso di Cinna riferito da Ulpiano: D. 23, 2, 6: SDHI* 24 (1958) 297-307.

E. CARUSI, *Effetti civili dell'annullamento del matrimonio canonico precondatario (art. 22 disp. trans., L. 27 maggio 1929, n. 847): RDC* 22 (1930) 527.

C. CASTELLO, *Lo strumento dotale come prova del matrimonio: SDHI* 4 (1938) 208-224.

—, *Tre norme speciali romane in tema di filiazione: AUGE* 2 (1963) 292-369.

P. CORBETT, *The Roman Law of Marriage*, Oxford 1930.

E. COSTA, *Il diritto privato romano nelle commedie di Plauto*, Turin 1890.

D. DAUBE, *Zur Palingenesie einiger Klassikerfragmente: SZ* 76 (1959) 149-264.

P. DE FRANCISCI, *Divorzio: Enc. Ital.* 13 (1932) 69-71.

A. DELL'ORO, *Il divieto del matrimonio tra funzionario Romano e donna della provincia: Studi Biondi* II, 523-540.

F. DELPINI, *Divorzio e separazione nella dottrina della Chiesa fino al sec. V.*, Turin 1956.

G. D'ERCOLE, *Il consenso degli sposi e la perpetuità del matrimonio nel diritto romano e nei padri della chiesa: SDHI* 5 (1939) 18-75.

B. F. DEUTSCH, Besprechung von Robleda (*El matrimonio*): *The Jurist* 33 (1971) 566-567.

S. DI MARZO, *Dirimitur matrimonium captivitate: Studi Solazzi* 1-5.

—, *Lezioni sul matrimonio romano*, Palermo 1919.

S. DI SALVO, Besprechung von Robleda (*El matrimonio*) *Index* 2 (1971) 376-389.

A. D'Ors, *Tagliacarte: Labeo* 11 (1965) 241-242.
C. Dupont, *Les constitutions de Constantin e le droit privé au debut du IVe siècle*, 2. Aufl. Rom 1968.
—, *Le droit criminel dans les Constitutions de Constantin.*
    I. *Les infractions*, Lille 1953.
    II. *Les peines*, Lille 1955.
W. Erdmann, Besprechung von Nardi (*la reciproca posizione*): *SZ* 59 (1939) 619-622.
A. Erhardt, *Consortium omnis vitae: SZ* 57 (1937) 357-366.
P. Fedele, *La definizione del matrimonio nel diritto canonico: EIC* 1 (1945) 41-52.
L. M. Freijeiro, Besprechung von Robleda (*El matrimonio*) *La Ley* 36 (26. Juni 1972) Nr. 118, 8-10.
J. Gaudemet, Besprechung von Orestano (*La struttura*) *Jura* 4 (1953) 351-356.
—, Besprechung von Robleda (*El matrimonio*): *RH* 49 (1971) 118-120.
—, *Droit romain e principes canoniques en matière de mariage au Bas-Empire: Studi Albertario* II, 171-196.
—, *La définition romano-canonique du mariage: Festschr. Willibald Plöchl* (Wien 1967) 107-114.
—, *Justum matrimonium: RIDA* 2 (1949) 309-366 = *Mél. De Visscher* I, 309-366.
—, *Originalité et destin du mariage romain: Studi Koschaker* II, 511-557.
M. Garcia-Garrido, *Conventio in manum y matrimonio: AHDE* 26 (1956) 781-787.
—, *La convivencia en la concepción romana del matrimonio: Homenaje al prof. Gimenez Fernandez* (Sevilla 1967) 637-677.
—, *Nuevas observaciones sobre el matrimonio de la menor: AHDE* 27-28 (1957-58) 1135-1142.
—, *Minor annis XII Nupta: Labeo* 3 (1957) 76-88.
A. Guarino, *Diritto privato romano*, 4. Aufl., Neapel 1970.
A. S.Hartkamp, *Der Zwang im römischen Privatrecht*, Amsterdam 1971.
W. Hellebrand, *Ein Beitrag zur Problematik matrimonium und mos: SZ* 70 (1953) 247-276.
J. Iglesias, Besprechung von Robleda (*El matrimonio*): *SDHI* 36 (1970) 472-474.
P. Jörs - W. Kunkel - L. Wenger, *Römisches Privatrecht*, 3. Aufl., Berlin-Göttingen - Heidelberg 1949.
M. Kaser, Besprechung von Robleda (*El matrimonio*): *SZ* 88 (1971) 432-435.
—, Besprechung von Orestano (*La struttura*): *SDHI* 18 (1952) 300-309.
—, *Das römische Privatrecht* I, München 1955, 2. Aufl. 1971, II, München 1959.
H. Kreller, *Die Ehe des römischen Kriegsgefangenen: JurBl* 70 (1948) 284-288.
—, *Juristenarbeit am postliminium: SZ* 69 (1952) 172-210.
B. Kübler, *Emendationen des Pandektentextes: SZ* 11 (1890) 45-52.
W. Kunkel, *Matrimonium: RE* XIV (Stuttgart 1930) 2259-2289.
H. Kupiszewski, *Studien zum Verlöbnis im klassischen römischen Recht: SZ* 84 (1967) 70-103.
F. Lanfranchi, *Appunti sul « consortium » familiare nei retori romani: SDHI* 1 (1935) 373-378.
—, *Il diritto nei retori romani*, Mailand 1938.

—, *Le definizioni e il concetto del matrimonio nei retori romani: SDHI* 2 (1936) 148-157.

M. LAURIA, *Il divieto della donazione fra i coniugi: Studi Albertoni* II, 511-560.

—, *Matrimonio e dote*, 2. Aufl., Neapel 1952.

P. S. LEICHT, *Il matrimonio del «captivus ab hostibus» in una lettera del pontefice Leone Magno: RSDI* 22-23 (1949-50) 181-185.

R. LEONHARD, *Divortium: RE* V, 1241-1245.

E. LEVY, Besprechung von Corbett (*The Marriage*): *SZ* 52 (1933) 529-533.

—, *Der Hergang der römischen Ehescheidung*, Weimar 1925.

—, *Verschollenheit und Ehe in antiken Rechten: Gedächtnisschrift für E. Seckel* (Berlin 1927) 145-193 = *Ges. Schriften* II (Köln - Graz 1963) 46-91.

C. LONGO, *Note critiche in tema di violenza morale: BIDR* 42 = NS 1 (1934) 68-128.

G. LONGO, *Affectio maritalis: BIDR* 46 = NS 5 (1939) 119-141 = *Ricerche* (Mailand 1966) 301-332.

—, *Corso di diritto romano, Diritto di famiglia*, 2. Aufl., Rom 1953.

—, *Il requisito della convivenza nella nozione romana di matrimonio: DE* 45, 1 (1954) 150-159 = *Ricerche* 323-332.

—, *Per il concetto classico di simulazione dei negozi giuridici: AG* 115 (1936) 117-132; 116 (1936) 35-64 = *Ricerche* 51-72.

—, *Presunzione di matrimonio: Studi Enrico Paoli*, 485-488 = *Ricerche* 333-337.

—, *Sulla simulazione dei negozi giuridici: Studi Riccobono* III, 111-161 = *Ricerche* 1-50.

—, *Sullo scioglimento del matrimonio per volontà del paterfamilias: BIDR* 40 (1932) 202-224 = *Ricerche* 281-299.

U. v. LÜBTOW, *Der Ediktstitel « Quod metus causa gestum erit »*, Bamberg 1932.

C MANENTI, *Dell'inapponibilità di condizioni ai negozi giuridici e in specie delle condizioni aposte al matrimonio*, Siena 1889.

R. MARTINI, *Le definizioni dei giuristi romani*, Mailand 1966.

A. MASI, *Lo sch. gyne ad Bas. 29, 1, 65 e il testo del responso di Cinna riferito da Ulpiano in D. 23, 2, 6: Studi Senesi* 74 = S. 3, 11 (1962) 397-402.

M. MEINHART, *Die Senatusconsulta Tertullianum und Orfitianum in ihrer Bedeutung für das klassische Erbrecht*, Graz - Wien - Köln 1967.

S. A. B. MEIRA, *A legislação romano do divorcio: Romanitas* 3-4 (1961) 199-226.

T. MOMMSEN, *Römisches Strafrecht*, 3. Aufl., Leipzig 1887.

E. NARDI, *La reciproca posizione successoria dei coniugi privi di conubium*, Mailand 1938.

—, *Sui divieti matrimoniali delle leggi augustee: SDHI* 7 (1941) 112-146.

U. NAVARRETE, Besprechung von Robleda (*El matrimonio*): *Per* 59 (1970) 505-508.

R. ORESTANO, *Alcune considerazioni sui rapporti fra matrimonio cristiano e matrimonio romano nell'età postclassica: Scritti Ferrini* 343-382.

—, *La dote nei matrimoni contra mandata: Studi Bonolis* I, 9-58.

—, *La struttura giuridica del matrimonio romano dal diritto classico al diritto giustinianeo: BIDR* 47 = *NS* 6 (1940) 154-402; 48 = *NS* 7 (1941) 88-133; 55-56 = *NS* 14-15 (1952) 185-395. Die Aufsätze erschienen im

Jahre 1951 unter dem gleichen Titel als selbständige Veröffentlichung (Mailand).

—, *Sul matrimonio presunto in diritto romano: Atti Verona* III, 47-65.

J. PARTSCH, *Die Lehre vom Scheingeschäft im römischen Recht: SZ* 42 (1921) 227-272.

P. PESCANI, *L'enigma del cosidetto responso di Cinna in D. 23, 2, 64: Studi Senesi* 76 = S. 3. 13 (1964) 131-141.

J. PETERS, *Die Ehe nach der Lehre des hl. Augustinus,* Paderborn 1918.

F. PICINELLI, *La evoluzione storico-giuridica del divorzio in Roma da Romolo ad Augusto: AG* 34 (1885) 424-472.

G. PUGLIESE, *La simulazione nei negozi giuridici,* Padua 1938.

J. RABINOWITZ, *On the Definition of Marriage as a consortium omnis vitae: HThR* 57 (1964) 55-56.

P. RASI, *Consensus facit nuptias,* Mailand 1946.

U. RATTI, Besprechung von Levy (*Hergang*). *BIDR* 35 (1927) 204-212.

—, *Studi sulla captivitas: BIDR* 35 (1927) 105-167.

J. REINACH, *Puberté féminine et mariage romain: RH* 34 (1956) 268-273.

O. ROBLEDA, *Amore coniugale e atto giuridico: ADGC* 1 (1971) 215-221.

—, *Amore coniugale e matrimonio - « res facti »: Gr* 51/2 (1970) 367-375.

—, *De iure matrimoniali responsiones. I. De natura matrimonii apud Romanos. Divortium: Per* 61 (1972) 447-465.

—, *Divortium. Ius romanum et theoria generalis: Per* 58 (1969) 351-414.

—, *El matrimonio en derecho romano,* Rom 1970.

—, *La nulidad del acto juridico,* 2. Aufl., Rom 1964.

—, *Matrimonio inexistente o nulo en derecho romano: Studi Donatuti* III, 1131-1155.

—, *Riflessi romanistici nella definizione canonica del matrimonio: Gr* 56/3 (1975) 407-439.

—, *Sobre el matrimonio en derecho romano: SDHI* 37 (1971) 337-350.

—, *Vinculum matrimoniale en derecho romano: Vinculum matrimoniale* (Rom 1973) 7-42.

G. ROTONDI, *La funzione recuperatoria dell'azione di manutenzione e la dottrina del possesso « solo animo »: RDC* 1918, n. 6, 521-551 = *scr. giur.* III, 257-290.

—, *Possessio quae animo retinetur: BIDR* 30 (1920) 1-153 = *scr. giur.* III, 94-256.

V. SCHAUB, *Der Zwang zur Entlassung aus der Ehegewalt: SZ* 82 (1965) 106-131.

A. SCHIAVONE, *Matrimonio e deportatio: AANA* 78 (1967) 424 ff.

K.-H. SCHINDLER, *Justinians Haltung zur Klassik. Versuch einer Darstellung an Hand seiner Kontroversen entscheidenden Konstitutionen,* Köln - Graz 1966.

F. SCHULZ, *Classical Roman Law,* Oxford 1951, Neudr. 1961.

—, *Die Lehre vom erzwungenen Rechtsgeschäft im antiken römischen Recht: SZ* 43 (1922) 171-261.

S. SOLAZZI, *Consortium omnis vitae: AUMA* 5 (1929) 27-37 = *Scr.* III (Neapel 1960) 313-320.

—, *Dispute Romanistiche. Il consenso nel matrimonio della filiafamilias: Studi Albertoni* I, 41-50 = *Scr.* III, 403-410.

—, *In tema di divorzio*: I. *Il divorzio della « filia familias »: BIDR* 34 (1925) 1-28 = *Scr.* III, 1-21; II. *Il divorzio della libertà: BIDR* 34 (1925) 295-311 = *Scr.* III, 21-33; III. *Il divorzio senza forme: BIDR* 34 (1925) 312-319 = *Scr.* III, 33-38.

—, *La legge Augustea sul divorzio della libertà e il diritto civile*: BIDR 51-52 = NS 10-11 (1948) 327-351.
—, *Le nozze della minorenne*: AATO 51 (1915-1916) 749-774 = Scr. II, 147-163.
—, *P. Mich. inv. 508 e il matrimonio della filia familias*: SDHI 5 (1939) 471-479.
J. A. C. THOMAS, *Accusatio adulterii*: Jura 12 (1961) 65-80.
J. VOGT, *Christlicher Einfluß auf die Gesetzgebung Konstantins des Großen*: Festschr. Wenger (München 1945) 118-148.
E. VOLTERRA, *Ancora sulla manus e sul matrimonio*: Studi Solazzi 675-688.
—, Besprechung von Rasi (*Consensus facit nuptias*): RSIG 1947, 399-413.
—, Besprechung von Wyszyński (*De matrimonio*) Jura 14 (1963) 343-351.
—, *Divorzio*: Nov. DI 6 (1960) 62-64.
—, *Iniustum matrimonium*: Studi Scherillo II, 441-470.
—, *In tema di accusatio adulterii*: Studi Bonfante II, 109-126.
—, *Intorno ad alcune costituzioni di Constantino*: RAL Bd. 13, S. 8 (1948) 61-80.
—, *Intorno a D. 48, 5 (44) 43*: Studi Biondi II, 123-140.
—, *La conception du mariage à Rome*: RIDA 3, S. 2 (1955) 365-379.
—, *La conception du mariage d'après les juristes romains*, Padua 1940.
—, *La « conventio in manum e il matrimonio romano »*: Temis 22 (1967) 11-28.
—, *La L. 3 pr. C. de int. matr. 5, 6 e il principio « Rite contractum matrimonium ex postfacto vitiari non potest »*: BIDR 37 (1929) 239-245.
—, *La nozione giuridica del conubium*: Studi Albertario II, 345-384.
—, *Lezioni di diritto romano. Il matrimonio romano*, anno accademico 1960-1961, Rom 1961.
—, *Matrimonio*: ED 25 (1975) 726-807.
—, *Matrimonio*: Nov. DI 10 (1964) 330-335.
—, *Per la storia di bigamia in diritto romano*: Studi Ratti, 387-447.
—, *Precisazioni in tema di matrimonio classico*: BIDR 78 = S. 3. 17 (1975) 245-270.
—, *Quelques observations sur le mariage des filiifamilias*: RIDA 1 (1948) 213-242.
—, *Quelques remarques sur le style des constitutions de Constantin*: Mél. Henri Lévy-Bruhl, 325-334.
—, *Sulla D. 23, 2, 45, 6*: Studi Chiarelli, IV, 4365-4379.
—, *Un'osservazione in tema di impedimenti matrimoniali*: Studi Albertoni I, 399-421.
A. WATSON, *Captivitas and matrimonium*: TR 29 (1961) 243-258.
—, *The divorce of Carvilius Ruga*: TR 33 (1965) 38-50.
—, *The Law of Persons in the Later Roman Republic*, Oxford 1967.
M. WYSZYNSKI, *De matrimonio romano ob metum contracto*, Wroclaw 1962.
H. J. WOLFF, *Doctrinal Trends in Postclassical Roman Marriage Law*: SZ 67 (1950) 261-319.
R. YARON, *De divortio varia*: TR 32 (1964) 533-557.
—, *Divortium inter absentes*: TR 31 (1963) 54-68.
—, *Minutiae on Roman Divorce*: TR 28 (1960) 1-12.

Die in diesem Literaturverzeichnis erfaßten selbständigen Veröffentlichungen werden nur mit dem Autorennamen (eventuell mit einem Stichwort) zitiert. Einige ältere Werke und die Istituzioni sind hier nicht erfaßt. Sie werden in der entsprechenden Anmerkung angeführt.

III. Sammelwerke und Zeitschriften

AANA	Atti dell'Accademia di scienze morali e politiche di Napoli.
AATO	Atti della R. Accademia delle Scienze di Torino.
ADGC	Annali di Dottrina e Giurisprudenza Canonica (Rom).
AG	Archivio Giuridico (Bologna, Pisa, seit 1921 Modena).
AHDE	Annuario de historia del derecho español (Madrid).
Apollinaris	Apollinaris, Commentarius Iuris Canonici (Rom).
Atti Verona	Atti del Congresso internazionale di diritto romano e di storia di diritto, Verona 1948, 4 Bde (Mailand 1953).
AUGE	Annali della Facoltà di Giurisprudenza della Università di Genova.
AUMA	Annali della Università di Macerata.
BIDR	Bullettino dell'Istituto di diritto romano (Rom, seit 1940 Mailand).
DE	Il Diritto Ecclesiastico (Mailand).
ED	Enciclopedia del diritto.
Enc. Ital.	Enciclopedia Italiana.
EIC	Ephemerides Iuris Canonici (Rom).
Gr	Gregorianum (Rom).
HThR	The Harvard Theological Review (Cambridge, Mass.).
Index	Index. Quaderni camerti di studi romanistici (Neapel).
Iura	Iura, Rivista internazionale di diritto romano e antico (Neapel).
JurBl.	Juristische Blätter (Wien).
Labeo	Labeo, Rassegna di diritto romano (Neapel).
Mél. Lévy-Bruhl	Droits de l'antiquité et sociologie juridique, Mélanges Henri Lévy - Bruhl (Publ. Inst. de droit romain de la Université de Paris XVII, 1959).
Mél De Visscher	Mélanges Fernand De Visscher = RIDA 2-5 (1949/50).
Nov. DI	Novissimo Digesto Italiano (Turin).
Per	Periodica de re morali canonica liturgica (Rom).
RAL	Accademia Nazionale dei Lincei, Rendiconti della classe di scienze morali, storiche e filologiche (Rom).
RE	Paulys Realencyklopädie der klassischen Altertumswissenschaft, neue Bearb. v. G. Wissowa, W Kroll, K. Mittelhaus, K. Ziegler (Stuttgart).
RDC	Rivista di diritto civile (Padua).
RH	Revue historique de droit français et étranger (Paris).
RIDA	Revue internationale des droits de l'antiquité (Brüssel, 1. S. ab 1948, jetzt RIDA = 3. S. ab 1954).
RISG	Rivista italiana per le scienze giuridiche (Turin, seit 1947 Mailand).
Romanitas	Romanitas. Revista di cultura romana (Rio de Janero).
RSDI	Rivista di storia del diritto italiano (Rom).
Scr. Ferrini Pav.	Scritti di diritto romano in onore di Contardo Ferrini pubblicati dalla R. Università di Pavia (Mailand 1946).
SDHI	Studia et documenta historiae et iuris (Rom).
Studi Albertario	Studi in memoria di Emilio Albertario, 2 Bde (Mailand 1953).

Studi Albertoni   Studi in memoria di Aldo Albertoni, 3 Bde, I (Padua 1934), II (1937), III (1938).
Studi Ascoli   Studi in onore di Alfredo Ascoli. (Messina 1931).
Studi Biondi   Studi in onore di Biondo Biondi, 4 Bde (Mailand 1965).
Studi Bonfante   Studi in onore di Pietro Bonfante, 4 Bde (Mailand 1930).
Studi Bonolis   Studi in onore di Guido Bonolis I (Mailand 1942) II (1945).
Studi Chiarelli   Studi in onore di Giuseppe Chiarelli, 4 Bde (Milano 1974).
Studi Donatuti   Studi in memoria di Giudo Donatuti, 3 Bde (Mailand 1973).
Studi Koschaker   L'Europa e il diritto romano. Studi in memoria di Paolo Koschaker, 2 Bde (Mailand 1954).
Studi Paoli   Studi in onore di Ugo Enrico Paoli (Florenz 1956).
Studi Ratti   Studi in memoria di Umberto Ratti (Mailand 1934).
Studi Riccobono   Studi in onore di Salvatore Riccobono, 4 Bde (Palermo 1936).
Studi Scherillo   Studi in onore di Gaetano Scherillo, 3 Bde (Mailand 1973).
Studi Solazzi   Studi in onore di Sirio Solazzi (Neapel 1948).
SZ   Zeitschrift der Savignystiftung für Rechtsgeschichte, Romanistische Abteilung (Weimar).
TR   Tijdschrift voor Rechtsgeschiedenis. Revue d'histoire du droit (Haarlem, seit 1950 Groningen, Djakarta, Brüssel, Haag).
Temis   Temis. Revista de ciencia y técnica jurídicas (Zaragoza).
The Jurist   The Jurist (Washington).

ABKÜRZUNGEN

Anm.	Anmerkungen
Aufl.	Auflage
Bd (e)	Band (Bände)
ders.	derselbe
d. h.	das heißt
ebd.	ebenda
eod.	eodem titulo (in D. oder C.)
f. ff.	folgend (e)
Festschr.	Festschrift
hrsg.	herausgegeben
Ist.	Istituzioni
IT	Interpretatio zum CT
Jh.	Jahrhundert
Mél.	Mélanges
NS	Neue Serie
NT	Novellen Theodosius' II.
NV	Novellen Valentinians III.
pr.	principium
PS	Pauli sententiae
S	Serie
Scr.	Scritti
u. a.	und andere, unter anderem (n)
UE	Ulpiani Epitome
vC	vor Christi Geburt
vgl.	vergleiche
v	von

HINFÜHRUNG

Die vorliegende Arbeit beschäftigt sich mit dem Ehekonsens im römischen Recht. Sie will prüfen, ob der Konsens in Klassik und Nachklassik die gleiche Struktur hat oder ob sich in beiden Zeitabschnitten verschiedene Strukturen nachweisen lassen. In diesem Fall hätte sich der Konsens von der Klassik zur Nachklassik gewandelt.

In drei Paragraphen führt diese Arbeit zum Thema hin: der erste bietet den heutigen Diskussionsstand, der zweite verteidigt die Autosuffizienz des Konsenses, der dritte fordert für die Nachklassik den Initialkonsens.

§ 1. Der gegenwärtige Stand der Diskussion um die Struktur der römischen Ehe

Ein kurzer Überblick soll zeigen, an welchem Punkt die Diskussion um die Struktur der römischen Ehe heute angelangt ist. Zunächst wird der Ausgangspunkt festgelegt. Dann werden die wichtigsten Diskussionsstadien der Weiterentwicklung betrachtet.

I. AUSGANGSPUNKT

Im Jahre 1889 veröffentlichte Manenti in Siena ein Buch mit dem Titel: « *Della inapponibilità di condizioni ai negozi giuridici e in specie delle condizioni apposte al matrimonio* ». Dieses Buch bildet den Ausgangspunkt für alle folgenden Studien über die Struktur der römischen Ehe. Orestano [1] bemerkt mit einer gewissen Verwunderung, daß die modernen Rechtsgelehrten in ihren Untersuchungen zum *matrimonium romanum* nicht mehr hinter Manenti zurückgehen.

---

[1] *BIDR* 47 = *NS* 6 (1940) 162 (Artikel wird zitiert: *Struttura* I). Näheres über Vorgänger und Nachfolger von MANENTI ebd. 162-219. Vgl. auch ROBLEDA, *El matrimonio* 72-82.

2

Ein kurzer Rückblick über die vormanentinische Sicht der römischen Ehe sei hier angefügt.

Die Kirchenväter, die Theologen und Kanonisten des Mittelalters halten am Vertragscharakter der römischen Ehe fest. Dabei stützen sie sich auf das römisch-rechtliche Prinzip: *consensus facit nuptias*. Unter *consensus* verstehen sie jenen Willensaustausch, der zwischen den Partnern ein Bindungsverhältnis erzeugt, das auch dann noch bestehen bleibt, wenn der Willensakt als psychologischer Akt nicht mehr vorhanden ist. Das Eheband hat eine eigene Existenz, die zwar vom Willen verursacht ist, aber ohne sein Zutun aufrechterhalten bleibt. Rechtstechnisch wird eine solche Willenseinigung « Vertrag » genannt.

Die Diskussion um den Vertragscharakter der römischen Ehe zu Beginn des 19. Jahrhunderts dreht sich nicht um die Frage, ob die Ehe ein Vertrag ist. Diskutiert wurde damals die Natur des Ehevertrages. Selbst jene Autoren, die die Ehe unter die Realverträge rechnen, zweifeln nicht daran, daß der Konsens die obligatorische Bindung zwischen den Nupturienten hervorbringt.

Dagegen behauptet nun Manenti:

a) Der Konsens bewirkt kein *vinculum iuris*. Er ist nicht mehr initial, sondern kontinuativ, d. h. er schafft die Ehe in jedem Augenblick neu, so daß sie nur so lange existiert, als der Konsens erzeugt wird [2].

b) Der Konsens genügt nicht mehr allein, um die Ehe zustandezubringen. Er benötigt dazu noch ein materielles Element, das als Mitursache die Ehe begründet [3].

Wohl bleibt der Konsens *causa*, aber er wird als *consensus continuus* bestimmt und bedarf noch einer *concausa*. Damit verneint Manenti den Vertragscharakter der römischen Ehe.

---

[2] *Della inapponibilità* 42. Diesen Konsens nennt der Verfasser Kontinuativkonsens. Der Ausdruck « Dauerkonsens » wird vermieden, weil damit auch das gemeint sein kann, was die Literatur als Initialkonsens bezeichnet. Der Verfasser möchte keineswegs alle diejenigen, die im Zusammenhang mit der römischen Ehe von einem Dauerkonsens reden, zu den Vertretern des Kontinuativkonsenses im Sinne von MANENTI zählen. Es fällt auf, daß seine Theorie in der deutschsprachigen Literatur keine Diskussion entfacht hat.

[3] Ebd. 40.

II. WEITERENTWICKLUNG

Manentis Eheauffassung geht in die Lehrbücher des römischen Rechts ein und wird dort weiterentwickelt. Lange Zeit vertritt die Fachwelt folgende These:

A. Die römische Ehe gründet auf zwei Elementen.

Sie unterscheidet ein spirituelles und ein materielles Element. Die Frage nach dem materiellen Element wird von den Autoren unterschiedlich beantwortet.

Die einen sehen es in der Tatsache, daß die Frau dem Manne zur Verfügung stehen muß. Als Vertreter dieser Auffassung seien genannt: Girard [4], Perozzi [5] und Buckland [6].

Die anderen legen immer mehr den Akzent auf das tatsächliche Zusammenleben. Zu den Vertretern dieser Richtung gehören Salkowski [7], Mitteis [8] und Partsch [9].

Die Überbetonung des Materiellen führt dazu, die Ehe mit dem Besitz zu vergleichen. Schon bald stellt Fadda fest, die Ehe sei eher eine *res facti* als eine *res iuris* [10].

1925 bringt Bonfante [11] diese aufgezeigte Entwicklung zu einem gewissen Abschluß, wenn er schreibt: die römische Ehe

---

[4] *Manuel élémentaire de droit Romain*, 5. Aufl. (Paris 1911) 153.

[5] *Ist.* 2. Aufl. (1928) I, 316.

[6] *A Textbook of Roman Law*, 2. Aufl. (Cambridge 1950) 112.

[7] *Institutiones. Grundzüge des Systems und der Geschichte des Römischen Privatrechtes*, 9. Aufl. (Leipzig 1907) 153.

[8] *Römisches Privatrecht bis auf die Zeit Konstantins* (Leipzig 1908) I, 131, n. 19.

[9] SZ 42 (1921) 253.

[10] *Diritto delle persone e della famiglia*, (Napoli 1910), 268. Mit Recht hat ORESTANO, *Struttura* I 206, darauf hingewiesen, daß Manenti trotz der Ablehnung der Kontraktualität die Ehe als rapporto giuridico betrachtet und keinen Vergleich mit dem Besitz anstellt. Nach KASER, RP I 2. Aufl. 311, kann die Ehe in mancher Hinsicht mit der *possessio* als « verwirklichter Sachherrschaft » verglichen werden. Vor allem ist es LEVY, *Hergang* 74, der die Parallele Ehe-Besitz übernimmt. Er hält die berühmte Regel: *et adipiscimur (possessionem) corpore et animo neque per se animo aut per se corpore* (Paul. D. 41, 2, 3, 1) für die Ehe anwendbar. Er muß aber zugleich eingestehen, das sei in diesem Sinne in den Quellen nie formuliert worden. Immer wieder haben die Autoren bemerkt, daß die Quellen die Ehe nie mit dem Besitz vergleichen, so u. a. ORESTANO, *Struttura* I, 232; DI MARZO: *Studi Solazzi* 1; LEICHT: *RSDI* 22-23 (1949-1950) 181; BONET: *AHDE* 25 (1955) 567-581; ROBLEDA: *Per* 58 (1969) 358; VOLTERRA, *Il matrimonio romano*, 133, bezeichnet den Vergleich als « assai pericoloso ». Vgl. auch die Kritik bei GUARINO 585 Anm. 56. 2. 3 und bei LAURIA 9 - Anders ARANGIO-RUIZ, *Ist.* 14. Aufl. (1966) 438.

[11] *Corso* I, 256.

gründet auf der *individua consuetudo vitae* und der *affectio
maritalis*. Da die Gelehrten für das Zustandekommen der Ehe
ein subjektives und ein objektives, d. h. ein spirituelles und
ein materielles Element verlangen, erhebt sich die Frage nach
dem Verhältnis der beiden Elemente.

Auch hier geben die Autoren unterschiedliche Antworten:
Die eine Seite behauptet, daß das geistige Element während der
ganzen klassischen und nachklassischen Zeit den Vorrang be-
halte, weil das materielle Element nicht materialistisch verstanden werden dürfe, so u.a. Bonfante [12], Longo Carlo [13] und Longo
Gian. [14]. Die andere Seite unterscheidet zwischen Klassik und
Nachklassik. Die Klassiker hätten das Willenselement dem Faktum der Lebensgemeinschaft untergeordnet und den Willen nach
objektiven Kriterien erschlossen. Die Nachklassik habe auf das
materielle Element verzichtet und den Konsens zur alleinigen
Ursache erklärt. Zu den Verteidigern dieser These gehören Kübler [15] und Levy [16].

Der hervorragendste aber ist Albertario [17], der, ausgehend
von der Parallele Ehe-Besitz, die nachklassische Ehe *solo animo*
zustandekommen läßt. Vor allem während der Verbannung [18]
und während der Gefangenschaft [19] gilt: *matrimonium solo animo retinetur* [20]. Daraus entwickelt sich die neue These:

B. Der Konsens allein genügt.

Schon 1940 erscheint die vielbeachtete Monographie von Volterra: « *La conception du mariage d'après les juristes romains* ».
Sie beweist, daß auch die Klassik die convivenza nicht als wesentliches Element zum Zustandekommen der Ehe verlangt. Das
Ergebnis von Volterra wird im gleichen Jahre von Orestano [21]

---

[12] Vgl. vorige Anm.

[13] *Corso di diritto romano. Diritto di famiglia* (Mailand 1934) 264.

[14] *Diritto di famiglia*, 2. Aufl. (1953) 86.

[15] *SZ* 11 (1890) 49.

[16] *Hergang* 102-104.

[17] *RAL* 62 (1929) 808 ff. = *Studi* I, 195-210; ders., *Studi Ascoli* 153 ff.
= *Studi* I, 211-228; ders.: *AG* 106 (1931) 21 ff. = *Studi* I, 229-247; ders.:
Matrimonio: Enc. Ital. 22 (1934) 580-581. Auch Rotondi: *BIDR* 30 (1920)
1-153 = *Scr. giur.* III, 94-256; ders.: *RDC* 1918, n. 6, 521-551 = *Scr. giur.*
III, 257-290.

[18] *Studi* I, 220.

[19] Ebd. 217.

[20] Ebd. 246. Daraus zieht Albertario den Schluß, daß nun kein Dauerkonsens mehr nötig ist, sondern daß die Ehe durch einen Initialkonsens
begründet wird, der ein *vinculum iuris* schafft. Ders.: *Enc. Ital.* 22 (1934)
581. Vgl. dazu auch Peters 18.

[21] *BIDR* 47 = *NS* 6 (1940) 154-402; ebd. 48 = *NS* 7 (1941) 88-133; ebd.

bestätigt in seiner gründlichen Untersuchung: « *La struttura giuridica del matrimonio romano dal diritto classico al diritto giustiniano* ».

Die beiden Gelehrten stimmen darin überein, daß der Konsens allein die Ursache der römischen Ehe ist. Orestano [22] kämpft aber für einen Kontinuativkonsens im Sinne von Manenti, dessen Position er als festen Punkt betrachtet, an dem auch spätere Forschungen nicht mehr vorbeigehen können.

Volterra [23] unterscheidet zwischen Klassik und Nachklassik. Für die Klassik verteidigt er gleichfalls einen Kontinuativkonsens. In der Nachklassik hat sich seiner Meinung nach der Konsens unter dem Einfluß des Christentums gewandelt. Das Ergebnis seiner Forschungen hat Volterra [24] in vielen Publikationen der Fachwelt vorgelegt und auch Zustimmung erhalten [25].

1946 veröffentlicht Rasi seine Arbeit: « *Consensus facit nuptias* ». Darin unternimmt er gegen die Warnung von Orestano [26] den Versuch, die initiale Konsensstruktur auch für die Klassik nachzuweisen, was ihm nach Ansicht der Fachkollegen nicht gelungen ist [27]. Volterras These bleibt richtungsweisend bis zum Jahre 1969, wo Robleda mit seinem Artikel [28] zum erstenmal wieder das Problem aufgreift. Seine Untersuchungen gipfeln in der Feststellung, daß der Begriffsgehalt von *divortium* in der Klassik und Nachklassik gleich ist, was auf die gleiche Konsensstruktur hinweist.

Im Jahre 1970 setzt sich Robleda in seiner Monographie: « *El matrimonio en derecho romano* » mit Volterras Begründun-

---

55-56 = *NS* 14-15 (1952) 185-395. Die Artikel erschienen 1951 (Milano) unter dem gleichen Titel als Monographie. GAUDEMET: *Jura* 4 (1953) 356, bezeichnet sie als *Summa de Matrimonio*.

[22] *Struttura* I, 205. Dazu der Wunsch von GAUDEMET: *Jura* 4 (1953) 353: « On eut souhaité que sur ce point il ne se bornât pas à des affirmations ». Die gleiche Kritik bei GAUDEMET: *RH* 49 (1971) 118-120.

[23] *La conception* 58. Hier beruft sich VOLTERRA auf D'ERCOLE, der schon vor ihm diese These vertreten hat: *SDHI* 5 (1939) 18-75.

[24] *RIDA* 1 (1948) 213-242; *RIDA* 3, S. 2 (1955) 365-379; *Il matrimonio romano* 156; *Nov. DI* 6 (1960) 62-64; *Nov. DI* 10 (1964) 330-335; *Temis* 22 (1967) 11-28.

[25] So u. a. von AMBROSINO: *SDHI* 11 (1945) 337-349; LAURIA 36; GAUDEMET: *Studi Koschaker* II, 516-517 BIONDI, *Il diritto romano cristiano* (in der Folge zitiert: DRC) 79-80.

[26] Nach ihm, *Struttura* I 206, befindet sich jeder, der für die Ehe in der Klassik einen Initialkonsens verfechten will, irrimediabilmente fuori strada, weil er schon die impostazione verfehlt.

[27] Vgl. dazu die heftige Kritik von VOLTERRA: *RISG* 1947, 399-413.

[28] *Divortium. Ius romanum et theoria generalis: Per* 58 (1969) 351-414.

gen auseinander. Die Argumente, von Robleda bescheiden als
« algunas observaciones » bezeichnet, haben eine solche Beweis-
kraft, daß die Interpretation der Konsensstruktur — bisher de-
finitiver Besitz der Gelehrten und von Volterra wissenschaftlich
untermauert — nicht mehr als unanfechtbar gelten kann [29].

Der Stand der Diskussion um die Struktur der römischen
Ehe kann folgendermaßen zusammengefaßt werden:

Die römische Ehe gründet in der Klassik und Nachklassik
allein auf dem Konsens der Partner. Ein materielles Element
wird zu keiner Zeit gefordert. Der Konsens in der Nachklassik
ist initial. Dafür haben vor allem die Studien von Albertario,
D'Ercole und Volterra den Beweis erbracht. Robleda spricht
den Argumenten, die Volterra zur Verteidigung eines Kontinuativkonsenses für die Klassik anführt, keine volle Beweis-
kraft zu.

§ 2. Die Autosuffizienz des Konsenses

Einige Gelehrte [30] verlangen auch nach den Veröffentlichungen von Volterra und Orestano die convivenza als wesentliches
Element für das Zustandekommen der Ehe.

Deshalb ist es notwendig, die Funktion der convivenza noch
einmal zu untersuchen. Ist sie essentielles Element der Ehe im
Werden oder Objekt des Konsenses? Mit anderen Worten: ist
sie Mitursache des Konsenses oder dessen Wirkung?

Nach einer kurzen Betrachtung einiger literarischer Quellen
wird die Meinung von Sirio Solazzi widerlegt. Im Anschluß daran
werden die beiden Ehedefinitionen und die wichtigsten juristi-
schen Texte befragt.

---

[29] Darin sind sich die Gelehrten des römischen Rechts einig: Vgl. GAU-
DEMET: *RH* 49 (1971) 119; DI SALVO: *Index* 2 (1971) 385; BUCCI: *Apollinaris*
45 (1972) 555. Zurückhaltender IGLESIAS: *SDHI* 36 (1970) 372-374, DEUTSCH:
The Jurist 33 (1971) 556-567 und FREIJERO: *La Ley* 30 (26. Juni 1972) 8-10.
Selbst VOLTERRA, *Studi Scherillo* II 445 Anm. 17, bezeichnet ROBLEDAS An-
merkungen als « finissime osservazioni ». Demnach ist die These vom Kontinuativkonsens erschüttert. Dazu auch KASER: *SZ* 88 (1971) 434. Sie ist
nicht mehr, wie AMIRANTE, 198, noch 1950 behaupten konnte, assolutamente fuori discussione.

[30] So u. a. SCHULZ 103; BIONDI, *Ist.* 4. Aufl. (1965) 574; LONGO (G): *BIDR*
46 = *NS* 5 (1939) 119-141 = *Ricerche*: 301-332; ders.: *DE* 45, 1 (1954) 150-
159 = *Ricerche* 323-332; GARCIA-GARRIDO: *AHDE* 26 (1956) 781-787; ders.:
AHDE 27-28 (1957-58) 1135-1142; ders.: *Labeo* 3 (1957) 76-88; ders.: *Homenaje al prof. Gimenez Fernandez* 637-677; SANFILIPPO, *Ist.* 5. Aufl. (1964)
145; ARANGIO-RUIZ, *Ist.* 14. Aufl. (1966) 437; GUARINO 586.

I. LITERARISCHE QUELLEN

Vier literarische Quellen werden zitiert. Aus ihnen geht hervor, daß die Ehe allein durch den Konsens zustandekommt.

In Inst. or. 5, 11, 32 bezeichnet Quintilian die *mens coeuntium* als einziges konstitutives Element der Ehe im Werden. Wertlos sind die *tabulae*. Die Ehe kann vorhanden sein, ohne daß die *tabulae* unterzeichnet werden. Die unterzeichneten *tabulae* nützen nichts, wenn die *mens coeuntium* fehlt.

Auch in Decl. 306 läßt Quintilian die Ehe allein durch die *voluntas duorum* zustandekommen. Auf der einen Seite stehen die Nupturienten, die sich zur Ehe verbinden, auf der anderen Seite steht das Volk, das die beiden begleitet. Die Ehe gründet allein auf dem Willen der Nupturienten, das Volk kann nichts zur Konstitution der Ehe beitragen.

In Decl. 247 verneint Quintilian eine bestimmte Form der Konsensmanifestation. Er verlangt nur, daß der Konsens manifestiert wird. Daraus geht hervor, daß das *ostendere voluntatem* genau so notwendig ist wie die *voluntas* selbst; denn eine nicht manifestierte *voluntas* hat keine Kraft, soziale Effekte zu erzeugen.

Besteht Unklarheit über die rechtliche Position einer Frau, dann läßt der Zensor nach Aulus Gellius den Mann einen Eid ablegen. Die Eidesformel: *et tu ex animi tui sententia uxorem habes* zeigt deutlich, daß zum Eheabschluß nur der *animus* genügt, die Frau als *uxor* zu haben. Dieser *animus* ist aber auch gefordert [31].

Die römische Ehe gründet also allein auf der *mens coeuntium*, der *voluntas duorum*, der *sententia animi*. Die convivenza als *concausa* wird nicht verlangt.

II. DIE THESE VON SIRIO SOLAZZI

1. Mag der *consensus* ein *consensus continuus* oder ein *consensus initialis* sein, immer bleibt er Ursache der Ehe und nicht nur *praesuppositum*. Die einzige Gegenstimme erhebt Sirio Solazzi [32]. Er verteidigt die Meinung, daß der *paterfamilias* seine Tochter gegen ihren Willen verheiraten kann.

---

[31] N. A. 4, 20, 2-3. Nach Cicero, De oratore 2, 64, 260, fragt der Zensor Nasica einen Bürger: *tu ex animi tui sententia uxorem habes?* Ironisch antwortet der Gefragte: *non hercule ... ex mei animi sententia.* Vgl. auch LANFRANCHI: *SDHI* 2 (1936) 152 Anm. 29.

[32] *AATO* 51 (1915-1916) 749-774 = *Scr.* II, 147-165; *BIDR* 34 (1925) 1-28

Nach dieser Auffassung wäre der Wille des Vaters Ursache der Ehe. Es gäbe also eine Ehe, die nicht durch die *mens coeuntium* zustandekäme.

Wie begründet Solazzi seine Meinung?

Er geht davon aus, daß der *paterfamilias* die Ehe seiner Tochter auflösen kann, und zieht die Folgerung: Wer die Ehe lösen kann, kann sie auch schließen.

Caes [33] hat schon vom methodologischen Standpunkt aus diese These kritisiert. Volterra [34] widerlegt sie überzeugend an Hand von vielen Textanalysen. Auch die Dogmatik spricht gegen Solazzi:

Wohl kann der *paterfamilias* die Ehe seiner Tochter bis Antoninus Pius trennen. Dies bedeutet aber keineswegs, daß er sie auch gegen den Willen der Tochter zu schließen vermag; denn wer die Ehe auflösen kann, kann sie noch lange nicht zustandebringen. So trennt das positive Recht die Ehe im Falle der *captivitas*, der *servitus* und des *impedimentum superveniens*. Keine Quelle aber berichtet, daß die Ehe durch den Willen der positiven Rechtsordnung zustandekommt.

2. Eine andere Frage ist, wie die Möglichkeit der Scheidung durch den Willen des Vaters zu verstehen ist. Eine hinreichende Erklärung dafür bietet nur der Initialkonsens; denn nur unter dieser Voraussetzung wirkt der Vater nicht auf die Ursache der Ehe, den Konsens, sondern auf den Effekt des Konsenses, die Lebensgemeinschaft.

Die Auseinandersetzung mit Sirio Solazzi bringt ein doppeltes Ergebnis: Sie stellt noch einmal heraus, daß der Konsens allein die Ehe erzeugt, und sie bestimmt die convivenza als Objekt des Konsenses.

III. DIE DEFINITIONEN DER EHE

Modestin gibt die erste Ehedefinition in D. 23, 2, 1 [35]. Diese beschreibt nicht die konstitutiven Elemente der Ehe im Werden,

---

= *Scr.* III, 1-21; *Studi Albertoni* I, 41-50 = *Scr.* III, 403-410; *SDHI* 5 (1939) 471-479.

[33] *SDHI* 5 (1939) 123-132. Auch nach LEVY, *Hergang* 145, dürfte der Beweis für SOLAZZIS Behauptung mißlungen sein.

[34] *Il matrimonio romano* 189-229; *RIDA* 1 (1948) 213-242; ebd. 226 Anm. 1 stellt VOLTERRA alle Stellen zusammen, die von einem *dare* oder *collocare in matrimonium* sprechen. Damit wird die soziale Aktivität des Vaters bezeichnet, der seine Tochter an den Mann bringen will.

[35] Der Text wird von SOLAZZI der Interpolation verdächtigt: *AUMA* 5 (1929) 27-37 = *Scr.* III, 313-320. Heute gilt er aber als einwandfrei. Vgl.

sondern das Wesen der Ehe. Darauf haben besonders Orestano [36] und Gaudemet [37] hingewiesen.

Die Ergebnisse der beiden Forscher werden durch den Quellenbefund verifiziert, so daß man sagen muß: Auch das klassische Recht hält die Ehe im Werden und die Ehe als Band auseinander [38].

Justinian bietet die andere Definition in Inst. 1, 9, 1. Da sie unter dem Titel *De patria potestate* steht, diese aber Effekt der Ehe als Band ist, muß sich die Definition gleichfalls hierauf beziehen. Sie kann nicht die konstitutiven Elemente der Ehe im Werden verdeutlichen; denn die nachklassische Ehe gründet allein auf dem Konsens [39].

Ist einmal erwiesen, daß die beiden Definitionen das Wesen der Ehe beschreiben, bleibt noch die Aufgabe, dieses zu bestimmen. *Coniunctio, consortium omnis vitae, individua consuetudo vitae* sind Begriffe, die das eheliche Leben in seinem Ablauf bezeichnen [40]. Wie Gaudemet [41] darlegt, bildet das *consortium omnis vitae* den Zentralbegriff. Es besteht in einer *societas vi-*

ALBERTARIO: *Studi Albertoni* I, 241-256 = *Studi* I, 179-193; LANFRANCHI 214-215; ders. *SDHI* 2 (1936) 148-157; ERHARDT: *SZ* 57 (1937) 357-366; VOLTERRA, *La conception* 37; ders., *Il matrimonio romano* 130-133; ORESTANO, *Struttura* I, 220; MARTINI 354; GAUDEMET: *RIDA* 2 (1949) 310 = *Mél. De Visscher* I, 310.

[36] *Struttura* I, 221. Aus Angst, es könnte jemand aus der Bezeichnung atto costitutivo auf einen Initialkonsens schließen, spricht der Autor von einem momento costitutivo. Die beiden aufgezeigten Aspekte müssen unterschieden werden « se non si vuole incorrere in una imprecisione di concetti che poi si riflette necessariamente sulla intera costruzione dommatica ». Orestano selbst stellt später der Unterscheidung matrimonio in atto — momento iniziale die Unterscheidung elemento esteriore — elemento interiore gegenüber. Der Austausch dieser Begriffe hat ihn auf einen Weg geführt, vor dem er selbst gewarnt hat.

[37] *Festschr. Plöchl* 108; *RIDA* 2 (1949) 311 = *Mél. De Visscher* I, 311.

[38] Von der Ehe im Werden sprechen D. 23, 2, 10; eod. 57 a; von der Ehe als Band D. 23, 2, 22; eod. 34; eod. 65, 1.

[39] Zum geschichtlichen Weg von der ersten zur zweiten Definition vgl. GAUDEMET: *Festschr. Plöchl* 107-114. Näheres über die Aufnahme der beiden Definitionen in die Quellen des kanonischen Rechts bei ORESTANO: *Struttura* I, 223 und bei FEDELE: *EIC* 1 (1945) 41-52. Da die Definitionen unterscheiden zwischen Ursache und Wirkung, sprechen sie gegen den Kontinuativkonsens; denn dieser verträgt keine Trennung zwischen Ehe im Werden und Ehe als Band, weil er die Ehe dauernd hervorbringt und weil dadurch die Ehe dauernd wird. Dazu Robleda: Gr 51/2 (1970) 367; auch NAVARRETE: *Per* 59 (1970) 507. Zur Interpretation der beiden Definitionen vgl. ROBLEDA, *El matrimonio* 59-71.

[40] Vgl. LANFRANCHI: *SDHI* 1 (1935) 373-378; ERHARDT: *SZ* 57 (1937) 357; HELLEBRAND: *SZ* 70 (1953) 247-276; RABINOWITZ: *HThR* 57 (1964) 55-56.

tae [42]. Mann und Frau treten in eine Lebens- und Leibesgemein-
schaft, die die Partner so aneinander bindet, daß das Schicksal
des einen das Schicksal des anderen wird [43].

Das weist darauf hin, daß die Ehe nichts Materielles, sondern etwas Geistiges ist. Die convivenza ist mehr als das faktische Zusammenleben. Sie ist etwas Juridisches, etwas Verpflich-
tendes, Bindendes [44]. Solange eine solche Bindung besteht, müssen die sich aus ihr ergebenden Verpflichtungen erfüllt werden.
Vor allem ist die eheliche Treue zu halten. Ehebruch ist Bruch
des dem Partner zustehenden Rechts und Verletzung der mit
der Ehe eingegangenen Verpflichtung [45].

IV. JURISTISCHE TEXTE

Einige Autoren [46] fordern die *deductio* als Wesenselement
der Eheschließung. Sie berufen sich hauptsächlich auf folgende
Texte.

Aus D. 24, 1, 66 könnte entnommen werden, daß der *deductio*
eine Bedeutung für das Entstehen der Ehe zukommt. Leicht
ist man geneigt, Longo Gian. [47] zuzustimmen, der die Ehe dann
beginnen läßt, wenn die *deductio* durch andere Elemente qualifiziert wird. Aber die Tatsache, daß vor der Feuer-Wasser-Zere-
monie keine Ehe vorhanden ist, zeigt die Bedeutungslosigkeit

---

[41] *Festschr. Plöchl* 108.

[42] Decl. 247: *societas vitae*; decl. 368: *mutua societas*; D. 25, 2, 1:
Paul.: *societas vitae*.

[43] Die schönsten Formulierungen für diesen Tatbestand finden sich
bei den Schriftstellern. Vgl. Cicero: De off. 1, 17, 54: *prima societas in
ipso coniugio — una domus, communia omnia;* Quintilian: Decl. 257,
nennt die *uxor: comes laborum, sollicitudinum, curarum;* ders.: Decl. 376,
bezeichnet die Ehefrau als *socia tori, vitae consors.* Columella: De re ru-
stica 12, 7, 4 hebt besonders die ungeteilte Gemeinschaft der Gatten hervor: *nihil conspiciebatur in domo dividuum, nihil quod aut maritus aut
femina proprium esse iuris diceret.* Livius: Ab urbe condita 1, 9, 14, sieht
die Ehe als Schicksalsgemeinschaft, wenn er schreibt: *in matrimonio, in
societate fortunarum omnium.* Auch Tacitus denkt so, wenn er in An.
3. 34 von der *uxor* sagt, sie sei *consortia rerum secundarum adversarum-
que;* ders.: An. 12, 5, nennt die Ehefrau *prosperis dubiisque socia.* Vgl.
auch Ovid: Met. I, 319: *Consors tori;* Seneca: Agam. 257: *thalami consors.*

[44] Vgl. GUARINO 592; 604.

[45] Wer für die Ehe und den Besitz eine analoge Struktur annimmt,
wird schwerlich für die eheliche Treuepflicht zwischen den Partnern eine
Parallele zwischen Besitzer und Besitz finden.

[46] Vor allem LEVY, *Hergang* 74, der ausgehend von der Parallele Ehe-
Besitz, die *deductio* mit der *apprehensio* rei vergleicht.

[47] *BIDR* 46 = *NS* 5 (1939) 123-124 = *Ricerche* 305.

der *deductio* [48]. Dies geht auch aus D. 24, 1, 66 pr. hervor, wonach die Ehe schon vor der *deductio* existieren kann. Diese bildet demnach kein Kriterium für den Beginn der Ehe [49].

Auch D. 35, 1, 15 liefert kein Argument für die Notwendigkeit der *deductio*. Würde sie zur Konstitution der Ehe gefordert, dann könnte Ulpian nicht sagen: *nuptias enim non concubitus, sed consensus facit*. Demnach ist der Konsens die alleinige Ursache der Ehe. Die *deductio* ist nur ein Mittel, wodurch der Konsens bekundet wird [50].

D. 23, 2, 5 verlangt bei Abwesenheit des Mannes die *deductio* der Frau *in domum mariti, quasi in domicilium matrimonii.* Wäre die *deductio* ein Wesenselement, dann dürfte sie bei keinem Eheabschluß fehlen [51]. Da sie aber nur bei der Eheschließung im Falle des abwesenden Mannes verlangt wird, kann sie nicht *ad essentiam* sein [52].

---

[48] Auch VOLTERRA, *La conception* 46 und *Il matrimonio romano* 140, vertritt die Meinung, daß trotz der *deductio* die Ehe noch nicht existiert.

[49] Vgl. auch D. 39, 5, 31 pr. und Frag. Vat. 253 b; ferner ORESTANO, *Struttura* I, 235. Zur Frage der Geschenke zwischen Ehegatten vgl. LAURIA: *Studi Albertoni* II, 511-560.

[50] DI SALVO: *Index* 2 (1971) 382, schreibt: « Se è vero che si esclude la necessità del *concubitus*, nondimeno appare richiesta la *deductio* della uxor ». Aus dem: *sed consensus facit nuptias*, ist zu entnehmen, daß die *deductio* genauso wenig als Wesenselement gefordert wird wie der *concubitus*. Sie ist ein Manifestationselement des Konsenses. Vgl. ROBLEDA: *SDHI* 37 (1971) 343. Keine *deductio* findet statt, wenn die Wohnung im Hause der Frau aufgeschlagen wird. Die Meinung von LEVY, *Hergang* 69 Anm. 3, es handle sich um eine *traditio brevi manu*, ist nicht haltbar. Die *deductio* ist überflüssig, wenn die Frau schon im Hause des Mannes wohnt. Näheres dazu bei ORESTANO, *Struttura* I, 324.

[51] KASER: *SDHI* 18 (1952) 304, folgert aus dem *nubere non potest* (Ps 2, 19, 7), daß die Zeichen, in denen der Konsens sich äußern muß, nicht Beweisgründe, sondern echte Wesenselemente sind. Dagegen sprechen die Quellen: D. 24, 1, 32, 13; 35, 1, 15; 39, 5, 31 pr.; C. 5, 17, 11 pr.; 5, 4, 13. Die Verschiedenartigkeit der als Wesenselemente geforderten Zeichen offenbart, daß es sich um Beweiselemente handelt. Würden die Zeichen zum Wesen gehören, dann könnten sie nicht untereinander ausgetauscht werden. Vgl. auch ORESTANO: *BIDR* 48 = *NS* 7 (1941) 94; ferner CASTELLO: *SDHI* 4 (1938) 208-224.

[52] Eine gewisse Schwierigkeit bereitet die Interpretation von D. 23, 2, 6. VOLTERRA, *La conception* 48 und *Il matrimonio* 144-145, verteidigt die Lesart *absentem*. Dies bietet ihm ein starkes Argument gegen die Notwendigkeit der faktischen Lebensgemeinschaft. Die Autoren lesen aber *absens*, so u. a. ORESTANO, *Struttura* I, 298 mit Anm. 408-412; AMBROSINO: *SDHI* 11 (1945) 348 Anm. 7; DI MARZO 58; LAURIA 15; LONGO (G): *DE* 45, 1 (1954) 157 = *Ricerche* 330; CAPOCCI: *SDHI* 24 (1958) 300; MASI: *Studi Senesi* 74 = S. 3.11 (1962) 397; PESCANI: *Studi Senesi* 76 = S. 3.13 (1964) 134; WATSON 26. Anders D'ORS: *Labeo* 11 (1965) 241-242.

Wie in Decl. 247 und in C. 5, 4, 9 berichtet wird, wurden keine Hochzeitsriten vollzogen. Demnach fand auch keine *deductio* statt. Einziger Anhaltspunkt, um festzustellen, ob eine Ehe vorhanden ist oder nicht, bildet die Absicht der Partner *liberorum procreandorum coire* [53].

Ist diese Absicht verwirklicht, dann ist die Frau *uxor* und das Zusammenleben der beiden eine Ehe [54]. Beide Quellen zeigen mit aller Klarheit, daß die *deductio* nicht notwendig ist.

Wer aber für die Notwendigkeit der convivenza eintritt, kann mit D. 24, 1, 32, 13 argumentieren. Mann und Frau leben seit langer Zeit getrennt. Sie machen sich ein Geschenk. Nach Ulpian ist es gültig, weil die Ehe noch andauert. Als Beweis

---

[53] Diese Formel taucht immer wieder in den Quellen auf: Plaut. Cap. 4, 2, 809; ders., Aul. 2, 1, 25; PSI VI, 730, 40; UE 3, 3. Es finden sich auch andere Umschreibungen: Gell. N.A. 4, 3, 2; 17, 21, 44: *liberum quaerendum gratia;* Varro, apud Macr. Sat. 1, 16, 18: *liberum quaerendarum causa;* Tac., An 11, 27: *suscipiendorum liberorum causa;* Festus, s.v. *quaesere,* zitiert die Formeln von Ennius: *liberorum quaesendum gratia* und *liberorum quaesendum causa;* Decl. 247: *liberorum creandorum gratia;* P. Mich. inv. 508: *liberorum procreandorum causa;* ebenso D. 50, 16, 220, 3: Call.: Dazu auch Biondi, *DRC* III, 77. Vgl. dazu die interessante Diskussion zwischen Di Salvo: *Index* 2 (1971) 381, und Robleda: *SDHI* 37 (1971) 340-341. Die Formel indiziert einen Initialkonsens; denn sie wird nicht nur in Klassik und Nachklassik unterschiedlos, sondern auch von den Kirchenvätern gebraucht. Vgl. besonders Augustinus: *sermo* 9, 18 (PL 38, 88); *sermo* 51, 13 (PL 38, 345); *sermo* 278, 9 (PL 38, 1272); *de bono coni.* 3 (PL 40, 375 = CSEL 41, 190; ebd. 5 (PL 40, 376 = CSEL 41, 194); ebd. 6 (PL 40, 377 = CSEL 41, 195); ebd. 17 (PL 40, 386 = CSEL 41, 212); *de nup. et conc.* 4 (PL 44, 416 = CSEL 42, 216); *de civit.* Dei 14, 18 (CSEL 40, 41). Die Väter haben die *copula carnalis* nie als *elementum constitutivum* der Ehe betrachtet. Dazu D'Ercole: *SDHI* 5 (1939) 28: « I Padri che vissero in tutto il tempo dell'evoluzione del diritto romano, sino a Giustiniano, non hanno mai attribuito alla copula la parte di elemento costitutivo dell'istituto matrimoniale ».

D. 23, 2, 24 spricht vom *matrimonium praesumptum.* Orestano: *Atti Verona* III, 47-65, verteidigt die klassische Herkunft des Textes. Dagegen betrachtet Longo (G): *Studi Paoli* 485-488 = *Ricerche* 333-337 ihn als nachklassisch. Volterra: *Nov. DI* 10 (1964) 332 und *Il matrimonio romano* 129-130; 240, praesumiert einen Kontinuativkonsens. Ist dies begründet? Da auch die Nachklassik das *matrimonium praesumptum* kennt, ist anzunehmen, daß auch in D. 23, 2, 24 ein Initialkonsens zu praesumieren ist. Es ist objektiv unbegründet, warum in der Klassik ein Kontinuativ-, in der Nachklassik aber ein Initialkonsens praesumiert werden soll.

[54] Vgl. dazu Volterra, *La conception* 40; ders., *Il matrimonio romano* 134; Orestano: *BIDR* 55-56 = *NS* 14-15 (1952) 208: « La determinazione però di quando una donna fosse convivente *liberorum causa* non differiva in epoca storica della individuazione della sua qualità di *uxor,* coincidendo pienamente con essa ». Vgl. auch *Reinach: RH* 34 (1956) 270.

führt er an, der *honor* sei noch vorhanden. Da dieser eine Äußerung der convivenza ist, kann folgender Schluß gezogen werden: Weil die convivenza noch besteht, bleibt auch die *affectio maritalis* erhalten. Also gründet die Ehe auf zwei Elementen: dem *honor* und der *affectio*.

Der vorgetragenen Argumentation müßte man uneingeschränkt zustimmen, wenn Ulpian nicht sagen würde: *non enim coitus matrimonium facit, sed maritalis affectio*. Damit wird deutlich gesagt, daß die Ehe allein durch die *affectio maritalis* zustandekommt [55].

D. 23, 1, 11 stellt die *sponsalia* und die *nuptiae* nebeneinander. Da das Verlöbnis allein durch den Konsens begründet wird, muß dies auch für die Ehe gelten. Soll das *sicut* seinen Sinn bewahren, dann heißt dies: Auch die Ehe wird durch den *nudus consensus* geschaffen. Würde die Ehe durch den Konsens und die convivenza konstituiert werden, dann wäre der Satz falsch; denn das Verlöbnis benötigt die convivenza nicht als Mitursache [56].

D. 20, 1, 4 handelt von den *obligationes, quae consensu contrahuntur*. Zu diesen Konsensualverträgen gehört auch die Hypothek. Sie kommt zustande durch den Konsens, mag dieser schriftlich oder mündlich kundgetan werden. Zur Verdeutlichung wird die Ehe angeführt: *sicut et nuptiae sunt, licet testationes in scriptis habitae non sunt*. Würde die Ehe auf dem Konsens und dem materiellen Element gründen, dann könnte sie nicht als Beispiel für einen reinen Konsensualvertrag herangezogen werden [57].

Schlußbemerkung

Aus den Quellen ergibt sich, daß der Konsens allein die Ehe hervorbringt. Die Diskussion um die convivenza hat ihren Grund darin, daß ihr die Autoren nicht jene Funktion zuerteilen, die ihr nach einer sorgfältigen Prüfung der Quellen zugeschrieben werden muß. Bonfante, Longo (G) u.a. fassen die convivenza in sozial-ethischem Sinne auf und machen sie zur Mitursache der Ehe. Mit Orestano [58] ist ihnen zu erwidern, die convivenza sei

---

[55] Das *quasi* in D. 24, 1, 32, 13 meint nicht, daß die convivenza noch andauert, sondern damit wird das Vorhandensein der *affectio maritalis* ausgedrückt. Anders Di Salvo: *Index* 2 (1971) 382.

[56] Vgl. die Argumentation bei Robleda, *El matrimonio* 86.

[57] Vgl. Robleda, *El matrimonio* 85. Nach Di Salvo: *Index* 2 (1971) 382, will Gaius in D. 20, 1, 4 nur « il valore probatorio delle *testationes* » hervorheben. Der Autor übersieht, daß mit den *testationes* der Konsens bewiesen werden soll.

[58] *Struttura* I, 296.

als pures Faktum da, oder sie sei nicht da. Von einer convivenza in ethisch-sozialem Sinne könne man nicht sprechen, wenn
sie als Faktum betrachtet wird. Orestano versteht die convivenza in materiellem Sinne und macht sie zum Objekt des Konsenses, so daß gilt: Eine Ehe, in der die convivenza ausgeschlossen werden soll, ist nicht denkbar. Mit Gaudemet [59] ist
Orestano zu fragen, wie die Ehe fortbestehen kann, wenn das
Objekt des Konsenses nicht mehr vorhanden ist.

§ 3. Der Initialkonsens in der Nachklassik

Es bestehen keine Zweifel darüber, daß der Konsens in der
Nachklassik initial ist. Er bringt nämlich ein *vinculum* hervor,
das eine eigene Existenz hat. Als Beweis werden einige Texte
und Institute angeführt.

1. *divortium*

Kaiser Konstantin berichtet in C. 5, 17, 7 (337) folgenden
Tatbestand: Eine Frau hat vier Jahre kein *indicium sospitatis*
über ihren Mann, der Kriegsdienst leistet, erhalten können. Sie
denkt an eine andere Ehe. Der Kaiser fordert von ihr, daß sie
ihre Wiederverheiratungsabsicht dem militärischen Vorgesetzten
mitteilt. Tut sie dies, dann ist ihre Ehe keine *nuptiae furtivae*.
Die Frau wird auch nicht wegen ungesetzlicher Scheidung bestraft [60].

Obwohl kein Konsens mehr vorhanden ist, bleibt die Ehe
bestehen, bis nach dem letzten Lebenszeichen des Mannes vier
Jahre verstrichen sind [61]. Demnach hat der Konsens etwas her-

---

[59] *Jura* 4 (1953) 353 Anm. 4. Ebd. spricht GAUDEMET von einer « équi-
voque de la notion de convivenza » bei ORESTANO.

[60] Heiratet die Frau vor Ablauf der Vierjahresfrist, dann wird sie we-
gen grundloser Scheidung bestraft. Dazu GAUDEMET: *RIDA* 2 (1949) 365 =
Mél. De Visscher I, 365: « Mais on n'en peut rien conclure quant à sa va-
lidité civile e à la légimité des enfants qui auraient pu en naître ». Zum
Text vgl. BONFANTE 240; LEVY, *Gesammelte Schriften* (in der Folge zitiert:
Schr.) II, 74-78; DUPONT, *Les peines* 27; DELPINI 107.

[61] In Nov. 22, 14 (535) wird die Wartezeit auf 10 Jahre ausgedehnt.
Die Frau muß zuvor versucht haben, von ihrem Manne eine Äußerung zu
erhalten. Die Nov. 117, 11 (542) fordert eine eidliche Erklärung der militärischen Zeugen zu den Akten und schreibt nach dem Bekanntwerden
der Todesnachricht eine Wartezeit von einem Jahr vor.

vorgebracht, das unabhängig von ihm existiert, nämlich die Ehe [62].

Aus Nov. 74, 5 (538) ziehen D'Ercole [63] und Volterra [64] den Schluß, daß der Konsens initial ist; denn der Mann muß an der Ehe festhalten, auch wenn er keinen Konsens mehr erweckt.

Mit Nov. 117, 10 (542) verbietet Justinian das *divortium communi consensu*. Der Kontinuativkonsens läßt ein solches Verbot nicht zu. Selbst wenn beide Partner übereinstimmen, die Ehe aufzulösen, ist die Scheidung nicht möglich [65].

2. *Bigamie*

Nachdem die Kaiser gesetzliche Scheidungsgründe verlangt haben, ist es nicht mehr möglich, grundlos die bestehende Ehe durch den Abschluß einer neuen Ehe zu scheiden; denn nach einer grundlosen Scheidung ist die Wiederverheiratung entweder verboten, oder es muß eine bestimmte Wartezeit eingehalten werden. Die Scheidung muß also bereits durchgeführt sein, wenn die neue Ehe geschlossen wird. Wer aus der Möglichkeit, die bestehende Ehe durch eine Zweitehe aufzulösen, ableitet, daß Bigamie als eigenes Verbrechen nicht bekannt sein könne, der muß auf Grund der neuen Regelung ein solches Verbrechen anerkennen.

Das Vorhandensein des Bigamieverbrechens ist nur unter Voraussetzung seines Initialkonsenses erklärbar; denn es fordert, daß die erste Ehe aufrechterhalten wird, auch wenn eine Zweitehe angestrebt wird [66].

3. *impedimenta*

Die Nachklassik kennt *impedimenta* im technischen Sinne. Diese setzen aber einen Initialkonsens voraus. Der Kontinuativkonsens verträgt nämlich kein « ostacolo all'esplicazione di una generale capacità matrimoniale » [67].

---

[62] Vgl. D'ERCOLE: *SDHI* 5 (1939) 32; VOLTERRA, *La conception* 63-64; ders., *Il matrimonio romano* 323; BIONDI, *DRC* III, 153-155 ders., *Il diritto romano* 333.

[63] *SDHI* 5 (1939) 48-49.

[64] *La conception* 65; *Nov. DI* 10 (1964) 334; *ED* 25 (1975) 800.

[65] Vgl. D'ERCOLE: *SDHI* 5 (1939) 36-37; zustimmend VOLTERRA, *La conception* 61-62; ders., *Il matrimonio romano* 332; ders. *Nov. DI* 6 (1960) 64; ferner ALBERTARIO: *Enc. Ital.* 22 (1934) 581.

[66] Vgl. die Argumentation von D'ERCOLE: *SDHI* 5 (1939) 46-48 und VOLTERRA, *La conception* 62-63; ders., *Il matrimonio romano* 319; auch LAURIA 36.

[67] So mit Recht VOLTERRA: *Studi Scherillo* II, 450.

4. *captivitas* und *postliminium*

Nov. 22, 7 bestimmt, daß die Ehe auch während der Gefangenschaft aufrechterhalten wird. In diesem Zusammenhang muß auch D. 48, 5, 14, 7 gesehen werden[68]. Nach diesem Text bleibt die Frau in der Gefangenschaft *uxor* und begeht Ehebruch, wenn sie die eheliche Treue verletzt. Obwohl kein Konsens mehr abgegeben werden kann, existiert die Ehe weiter. In D. 24, 2, 6 bestimmt Julian, daß die Frau eines Gefangenen sich nicht wieder verheiraten kann. Ein solches Verbot setzt einen Initialkonsens voraus[69].

Außerdem muß D. 49, 15, 8 herangezogen werden. Levy[70] und Wolff[71] haben darauf hingewiesen, daß dieser Text im Lichte eines Briefes Leo des Großen verstanden werden muß[72].

Der Papst wendet das *postliminium* auf die Ehe an. Zwar ist in cap. 1 des Briefes von der Unauflöslichkeit und von der daraus folgenden Pflicht zur Wiederherstellung der Ehe die Rede, aber diese Pflicht wird als Restitutionspflicht aufgefaßt. So steht nicht die Unauflöslichkeit, sondern der Anspruch des Geschädigten im Vordergrund. Die Pflicht zur Rückkehr in die erste Ehe wird abhängig gemacht von der entsprechenden Forderung des heimkehrenden Gatten. Mit der Konsensabgabe hat er an seiner

---

[68] Der Text bereitet einige Schwierigkeiten. VOLTERRA: *Studi Bonfante* II, 122-126, versucht die Klassizität des Textes zu retten, indem er das *iure viri* durch *iure extranei* ersetzt. Damit wird aber das Problem nur verschoben; jetzt muß gefragt werden, wie die *serva* überhaupt Ehebruch begehen kann. Ein Ehebruch wird in jedem Fall vorausgesetzt, ganz gleich, ob die *accusatio iure viri* oder *iure extranei* zugestanden wird. BANDINI: *Studi Ratti* 501, rekonstruiert den Text so: *Si quis uxorem suam, cum (ille) apud hostes esset, adulterium commisisse arguat.* Demnach würde der Mann in die Hände der Feinde fallen. Damit bleibt aber die entscheidende Frage, wie während der Gefangenschaft eines Gatten Ehebruch möglich ist, weiterhin offen. WATSON: *TR* 29 (1961) 256-257, liest aus dem Text heraus, daß der *civis* nicht gezwungen werden kann, die Ehe wiederherzustellen, wenn er dem heimkehrenden Partner einen während der Gefangenschaft verübten Ehebruch vorwerten kann. Nach THOMAS: *Jura* 12 (1961) 75, müßte der Text so lauten: *Cum apud hostes essent.* In dieser Interpretation sind beide Partner in der Gefangenschaft. Die meisten Autoren betrachten den Text als nachklassisch, so u. a. D'ERCOLE: *SDHI* 5 (1939) 35-36; VOLTERRA, *Il matrimonio romano* 245; BIONDI, *DRC* III, 157; ders., *Il diritto romano* 333; ROBLEDA: *Per* 58 (1969) 357; ders., *El matrimonio* 245.

[69] Vgl. D'ERCOLE: *SDHI* 5 (1939) 65.

[70] *Schr.* II, 69-71.

[71] *SZ* 67 (1950) 267.

[72] *Ep.* 159, 1-4 (PL 54, 1135-1137).

Frau ein Recht erworben, das nach der Gefangenschaft wieder aufleben kann.

Auf dem Hintergrund dieses Briefes muß D. 49, 15, 8 interpretiert werden. Zunächst fällt auf, daß keine Konsenserneuerung verlangt wird [73]. Dem Heimkehrer wird ein Recht zugestanden, das er unabhängig vom Einverständnis der Frau ausüben kann [74].

Ist sie nicht mit dem Wiederaufleben der Ehe einverstanden, dann muß sie sich mit einer gesetzlichen *causa* scheiden, oder sie wird wegen grundloser Scheidung bestraft. Dies aber beweist, daß die Ehe ohne Konsens der Frau auflebt [75].

D. 49, 15, 8 ist nur zu verstehen, wenn auch der Ehe das *ius postliminii* zugebilligt wird. Mit dem Konsens wird nämlich ein Recht erzeugt, das nach der Rückkehr aus der Gefangenschaft wieder geltend gemacht werden kann. Dies zeigt, daß der Konsens initial ist; denn der Kontinuativkonsens verträgt kein postliminium.

5. Weitere Eheauflösungstatbestände

In den Quellen gibt es noch weitere Eheauflösungstatbestände, von denen die *servitus* genannt werden soll. Wird ein Ehegatte *servus*, dann trennt das Gesetz seine Ehe [76]. Der Kontinuativkonsens bietet für diese Tatsache keine Erklärung; denn das Gesetz kann nicht bestimmen, daß der Konsens aufhören soll. Eine Scheidung *vi iuris* setzt einen Initialkonsens voraus; denn das Recht zerreißt das eheliche Band, also den Effekt des Konsenses.

6. Nichtigkeit

Justinian wiederholt in Nov. 22, 37 das klassische Verbot des Augustus, daß die mit dem Patron verheiratete *liberta* sich *invito patrono* scheide. Eine neue Ehe der *liberta* ist nichtig.

---

[73] Einen neuen Konsens verlangt DI MARZO: *Studi Solazzi* 1; dagegen LEICHT: *RSDI* 22-23 (1949-1950) 184: « Mi sembra che il testo della lettera lo escluda e riconosca invece che il marito esercitava un suo diritto ». Auch BIONDI, *DRC* III, 156: « (Papa Leone) ... ammette la reintegrazione del primo matrimonio, applicando quel ius postliminii, che i pagani negavano per il matrimonio, ma ammettevano largamente per i diritti ».

[74] Anders SCHINDLER 273.

[75] BIONDI, *DRC* III, 157: « Ma il testo ammette una reintegrazione coattiva, anche senza il consenso della moglie (si noluerit) sotto pena di essere soggetta alle pene per il divorzio ». So auch AMIRANTE 194-195. Anders LEVY, *Schr.* II, 71.

[76] Nov. 22, 8 (535); *ED* 25 (1975) 796.

3

Nichtig kann aber nur ein Rechtsgeschäft sein. Ein Faktum ist nicht nichtig [77].

7. Scheidungsgründe

In der Nachklassik stellt der Gesetzgeber bestimmte Scheidungsgründe auf. Er erschwert damit die Scheidung, weil er die Ehe erhalten will. Wäre der Konsens kontinuativ, dann würde das Gesetz von den Verheirateten fordern, ihren Konsens weiterhin zu erwecken. Da der Gesetzgeber auf den Konsens keinen Einfluß auszuüben vermag, kann er nur verhindern, daß der Scheidungswillige die *obligatio inter conjuges* zerstört. Diese aber ist Effekt des Initialkonsenses [78].

8. Scheidungsform

Im Jahre 449 wird eine zur Gültigkeit der Scheidung notwendige Form eingeführt. Wer sie nicht beachtet, dessen Scheidung ist nichtig, d. h. das Gesetz läßt nicht zu, daß der Scheidungswillige mit seinem Konsenswiderruf einen Effekt erzielt. Es hält die Ehe aufrecht, obwohl kein Konsens mehr da ist. Mit anderen Worten: Der Ehebegründungskonsens ist ein Initialkonsens, der ein *vinculum iuris* bewirkt, das eine eigene Existenz hat [79].

Als Ergebnis läßt sich festhalten:

Die nachklassische Ehe gründet auf einem Initialkonsens. Ein Kontinuativkonsens verträgt kein Scheidungsverbot und kein Bigamieverbrechen. Die *impedimenta*, das *postliminium*, die Scheidung durch Gesetz und die Nichtigkeit der Ehe erfordern einen Initialkonsens, genauso wie die Scheidungsgründe und die Scheidungsform.

Problemstellung

Die Textexegesen haben erwiesen, daß der Konsens sowohl in der Klassik als auch in der Nachklassik die alleinige Ursache der Ehe ist. Es ist nicht daran zu zweifeln, daß der nachklassische Konsens initial ist. Hier erhebt sich die Frage: Hat der Konsens sich von der Klassik zur Nachklassik unter dem Einfluß des Christentums gewandelt? U. a. bejahen diese Frage Ca-

---

[77] So ROBLEDA, *El matrimonio* 144: « Ahora bien, el considerar así el matrimonio es considerarlo como acto jurídico ».

[78] Mit Recht hat VOLTERRA darauf hingewiesen, daß sich hier eine Tendenz zeigt, die Ehe zu erhalten: *La conception* 59; *Nov. DI* 10 (1964) 334: *ED* 25 (1975) 785.

[79] Vgl. D'ERCOLE: *SDHI* 5 (1939) 25.

rusi [80], Basanoff [81] D'Ercole [82], Volterra [83], Andréev [84], Biondi [85], Albertario [86], Lauria [87], Kaser [88], Arangio-Ruiz [89], Di Salvo [90], Burdese [91]. Über eines läßt sich nicht streiten: Die christliche Ehe muß auf einem Initialkonsens gründen; denn sie ist unauflöslich, d. h. sie besteht weiter, auch wenn der Konsens aufhört. Wäre der Konsens kontinuativ, dann ließe sich die Unauflöslichkeit nicht erklären; denn keine Macht der Welt kann das Aufhören des Konsenses verhindern [92].

Die Kirchenväter sprechen immer wieder von der Ehe als einem Vertrag, so u. a. Ambrosius [93], Hieronymus [94] und Augustinus [95]. Es fällt aber auf, daß sie mit der Redeweise *matrimonium - pactio* nie gegen einen anderen Ehebegriff der Heiden ankämpfen, sondern die überragende Bedeutung der *pactio* hervorheben, die von den Heiden so leicht gekündigt wird [96].

[80] *RDC* 22 (1930) 527 Anm. 59.
[81] *Studi Riccobono* III, 179.
[82] *SDHI* 5 (1939) 23; 30; 50.
[83] *La conception* 66; *Mél. Lévy-Bruhl* 320; *ED* 25 (1975) 785.
[84] *RH* 35 (1957) 32.
[85] *DRC* III, 154.
[86] *Studi* I, 237; 246; 346; *Enc. Ital.* 22 (1934) 580.
[87] *Matrimonio e dote* 36.
[88] *RP* II, 108.
[89] *Ist.* 14. Aufl. (1966) 439.
[90] *Index* 2 (1971) 384.
[91] *Gli istituti* 123; 130; *Manuale* 275; 282.
[92] Zum Zusammenhang zwischen Unauflöslichkeit und actus iuridicus vgl. ROBLEDA: *Gr* 51/2 (1970) 367-375; *ADGC* 1 (1971) 220-221; *Per* 61 (1972) 465-474; *vinculum matrimoniale* 36-42. *Gr* 56/3 (1975) 425-438. Für die Frage des Konsenswandels ergibt sich hieraus: a) Die Christen müssen immer einen Initialkonsens erwecken. Da sie nach dem anonymen Verfasser des Diognetbriefes (Kap. 5) «wie jedermann» heiraten, muß derjenige, der einen Konsenswandel verteidigt, erklären, wie er feststellen kann, daß die Christen einen Initial-, die Heiden aber einen Kontinuativkonsens abgeben. b) Lassen sich zwei Heiden taufen, dann wird ihre Ehe unauflöslich. Da kein neuer Konsens verlangt wird, muß der einmal abgegebene Konsens dergestalt sein, daß er sich mit der Unauflöslichkeit vereinbaren läßt, d. h. er muß initial sein; denn die Wirkung des Konsenses bleibt erhalten, wenn der Konsens aufhört.
[93] *pactio coniugalis* (de inst. virg. 6, 41: PL 16, 316).
[94] *foedus nuptiale* (ep. 148, 28, 3: PL 22, 1216 = CSEL 46, 352).
[95] *confoederatio* (de bon. coni. 3: PL 40, 375 = CSEL 41, 190; de bon. coni. 7: PL 40, 378 = CSEL 41, 196); *foedus* (de bon. coni. 7: PL 40, 378 = CSEL 41, 196; de nupt. et conc. 1, 10: PL 44, 420 = CSEL 42, 223); *pactum* (de bon. coni. 4: PL 40, 376 = CSEL 41, 192; de bon. coni. 12: PL 40, 382 = CSEL 41, 203; de nupt. et conc. 1, 11: PL 44, 420 = CSEL 42, 223; sermo 51, 13: PL 38, 344).
[96] Die Kirchenväter stellen der *lex humana* die *lex divina* gegenüber:

Das römische Recht hat die Ehe nie als unauflöslich betrachtet, nicht einmal unter Justinian deckt sich das weltliche
Recht mit dem kanonischen Recht [97]. Bedeutet dies aber, daß
die heidnische Ehe auf einem Kontinuativkonsens, die christliche Ehe auf einem Initialkonsens gründet?

Die Frage muß verneint werden; denn auch die nachklassische heidnische Ehe gründet, wie oben dargelegt, auf einem
Initialkonsens. Sie kann trotzdem in jedem Augenblick gelöst
werden, was sich durchaus mit einem Initialkonsens vereinbaren
läßt. Die Scheidung vollzieht sich in der Nachklassik durch Konsenswiderruf. Wodurch geschieht sie in der Klassik? Der Begriff
des *consensus continuus* [98] gibt darüber keine eindeutige Auskunft.

Consensus continuus kann heißen: Der Konsens wird
dauernd erzeugt. Scheidung besagt hier: Der Konsens wird nicht
mehr erweckt. Deshalb hört die Ehe auf zu existieren.

Consensus continuus kann aber auch bedeuten: Der Konsens besteht so lange, bis er widerrufen wird. Er bringt ein
vinculum iuris hervor [99]. Scheidung heißt hier: Widerruf des
Konsenses [100].

Ambrosius: Ex. Ev. sec. luc. 8, 2 (PL 15, 1767 = CSEL 32, 394): *Dimittis
ergo uxorem quasi iure, sine crimine et putas id tibi licere, quia lex humana non prohibet: sed lex divina prohibet. Qui hominibus obsequeris,
Deum verere.*

Hieronymus: Ep. 77, 3 (PL 22, 692 = CSEL 55, 39): *Aliae sunt leges
Caesarum, aliae Christi, aliud Papinianus, aliud Paulus noster praecipit.*

Augustinus: sermo 392 (PL 39, 1710): *Non iure fori, sed iure coeli;* de
bon. coni. 7 (PL 40, 378 = CSEL 41, 197): *Siquidem interveniente divortio
non aboletur illa confoederatio nuptialis: ita sibi coniuges sint, etiam
separati; cum illis autem adulterium committant, quibus fuerint etiam
post suum repudium copulati, vel illa viro, vel ille mulieri. nec tamen
nisi in civitate Dei nostri, in monte sancto eius* (Psal. XLVII, 2) *talis est
causa cum uxore;* ebd. 8 (PL 40, 379 = CSEL 41, 1977): *Ceterum aliter
se habere iura gentilium, quis ignorat; ubi interposito repudio, sine reato
aliquo ultionis humanae, et illa cui voluerit nubi, et ille quam voluerit
ducit?*

Das Concilium Milevitanum II unterscheidet zwischen der *evangelica
et apostolica disciplina* und der *lex imperialis* (can. 17: Mansi 4, 331;
A. D. 416).

[97] Vgl. Nov. 22, 3 (535); Nov. 117, 10 (542).

[98] Der Begriff kommt in den Quellen nicht vor. Er soll deutlich machen, daß jedem Ehekonsens eine « Kontinuität » zukommt. Wie ist sie
zu verstehen?

[99] Es fällt auf, daß auch jene Autoren, die einen Kontinuativkonsens
vertreten, immer wieder von einem vinculo reden, u. a. BANDINI: *Studi
Ratti* 499; BONFANTE 261; LONGO (G): *Studi Riccobono* III, 126 = *Ricerche*
14; SOLAZZI: *BIDR* 34 (1925) 300 = *Scr.* III, 32; ORESTANO, *Struttura* I, 223;

So geht es letztlich um die Frage: Wird die Scheidung in
der Klassik durch Aufhören des Konsenses oder durch dessen
Widerruf bewirkt? Wäre ersteres der Fall, dann hätte sich der
Begriffsgehalt des Konsenses von der Klassik zur Nachklassik
gewandelt.

VOLTERRA: *Studi Ratti* 400; 419; 423; 427; 439; 440; ders.: *Nov. DI* 10
(1964) 331; ders., *Il matrimonio romano* 146; 300; 310; 329; 330; GUARINO,
Diritto privato romano, 3. Aufl. (1966) 545; LAURIA 20.
   [100] Die Quellen kennen einen Konsenswiderruf: Gai. 3, 151; D. 17, 2,
4, 1: Mod.; eod. 65, 3: Paul.

I. Teil

TEXTE UND INSTITUTE

1. Kapitel: Der Begriffsgehalt des divortium in der Klassik

Für die Nachklassik bedeutet *divortium*: der einmal abgegebene Konsens wird durch einen gegenteiligen Willensakt widerrufen.

In diesem Kapitel wird zunächst gefragt, was die Klassiker unter dem Begriff des *divortium* verstehen. Auskunft darüber geben die Quellen, die im folgenden herangezogen werden.

§ 4. Das divortium des furiosus

Wer einen Kontinuativkonsens verteidigt, muß das Ende der Ehe annehmen, wenn der Konsens nicht mehr vorhanden sein kann. Nun aber zeigt der Quellenbefund, daß es eine Ehe gibt, die ohne Konsens weiterlebt: die Ehe des *furiosus*.

I. Exegese

A. Der *furor* eines Gatten

Der wichtigste Text findet sich in

> D. 24, 2, 4 (Ulp. 26 ad Sab): Iulianus libro octavo decimo digestorum quaerit, an furiosa repudium mittere vel repudiari possit. et scribit furiosam repudiari posse, quia ignorantis loco habetur: repudiare autem non posse neque ipsam propter dementiam neque curatorem eius, patrem tamen eius nuntium mittere posse, quod non tractaret de repudio, nisi constaret retineri matrimonium: quae sententia mihi videtur vera.

Julian fragt, ob die Wahnsinnige aktiver oder passiver Teil der Scheidung sein kann. Seine Antwort lautet: Sie kann nur passiver Teil sein. Als Begründung gibt er an: *quia ignorantis loco habetur* [1].

---

[1] Nach Levy, *Hergang* 84, ist das *repudium* eine « empfangsbedürftige Erklärung ». Die Tatsache, daß dem *furiosus* das repudium zugesandt wer-

Die *furiosa* kann ihre Ehe nicht scheiden, wohl aber kann ihr Vater den *nuntius* senden. Es ist im Text auch vom *repudium* die Rede. Davon könnte nicht gesprochen werden, wenn die Ehe nicht fortbestehen würde. Ulpian folgt der Auffassung Julians, daß die Ehe der *furiosa* aufrechterhalten bleibt. Wie ist dieser Quellenbefund zu erklären?

Manche Autoren [2] begründen die Fortdauer der Ehe damit, daß die Geisteskranke nicht mehr fähig ist, die eheliche Gesinnung aufzugeben. Nach dieser Meinung kann die *furiosa* zwar weiterhin Ehegattin sein, aber sie kann keine Haltung einnehmen, die das Aufhören der *affectio* anzeigt.

Dagegen ist einzuwenden: Mit dem Eintritt des Wahnsinns hat die *affectio* aufgehört. Es ist deshalb kein « comportamento chiaramente dimostrativo della cessazione dell'affectio » mehr notwendig [3]. Wer eine solche Verhaltensweise fordert, setzt das Weiterbestehen der Ehe *furore superveniente* voraus. Dies verlangt aber einen Initialkonsens; denn die Ehe bleibt bestehen, obwohl der Konsens nicht mehr erweckt werden kann.

Nach Bonfante [4] liegt den Texten, die das Weiterleben der Ehe nach Eintritt des Wahnsinns behaupten, die Annahme zugrunde, daß der gesunde Partner an der Ehe festhält.

Volterra [5] interpretiert die Texte dahingehend, daß für die Juristen die Ehe der Wahnsinnigen aufrechterhalten bleibt, weil der gesunde Partner die Ehe noch will.

Die Position von Bonfante und Volterra ist nur unter Voraussetzung eines Initialkonsenses verständlich. Die Ehe kommt ja durch die Willenseinigung beider Partner zustande und bleibt so lange bestehen, bis eine einseitige oder einverständliche Scheidung erfolgt.

Wenn der gesunde Partner die Scheidung verhindern kann, dann muß der Konsens ein *vinculum* hervorgebracht haben. Nur so ist nämlich zu erklären, warum die Ehe andauert, obwohl der wahnsinnige Partner keinen Konsens mehr erwecken kann [6].

---

den kann, widerspricht dieser These. Vgl. YARON: *TR* 31 (1963) 59; auch C. 5, 70, 4.

[2] So u. a. DI SALVO: *Index* 2 (1971) 384; auch KASER, *PR* I, 326.

[3] Anders DI SALVO: *Index* 2 (1971) 384. Der Autor muß einräumen, daß es sich hier nicht um eine « rigorosa applicazione del principio del *consensus continuus* » handelt. Näheres bei ROBLEDA: *SDHI* 37 (1971) 346.

[4] *Corso* I, 269.

[5] *Nov. DI* 10 (1964) 333; *BIDR* 78 = S. 3. 17 (1975) 255.

[6] Wird die Erhaltung der Ehe des Wahnsinnigen damit begründet, daß der gesunde Partner die Ehe weiter will, dann stellt sich die Frage, warum im Falle der einseitigen Scheidung die Ehe nicht fortdauern kann,

Unser Text faßt den Willen des gesunden Partners gar nicht ins Auge. Unmißverständlich wird gesagt: *repudiare autem non posse neque ipsam propter dementiam neque curatorem eius.* Die Ehe wird nicht wegen des Gesunden aufrechterhalten, sondern wegen der Wahnsinnigen; denn mit dem *ipsam* kann nur die *furiosa* gemeint sein. Das *propter dementiam* bringt zum Ausdruck, daß infolge des Wahnsinns der früher erweckte Konsens unwiderrufbar geworden ist.

Klarer wird von Ulpian der Sachverhalt dargelegt in

> D. 24, 3, 22, 7 (33 ad ed.): Si maritus vel uxor constante matrimonio furere coeperint, quid faciendum sit, tractamus. et illud quidem dubio procul observatur eam personam, quae furore detenta est, quia sensum non habet, nuntium mittere non posse.

Die Wahnsinnige kann nicht aktiver Teil der Scheidung sein (*repudiare autem non posse*), weil sie keinen *sensus* hat. Die Ehe bleibt bestehen:

> D. 23, 2, 16, 2 (Paul. 35 ad ed.): Furor contrahi matrimonium non sinit, ... sed recte contractum non impedit.
> PS 2, 19, 7: ... sed contractum matrimonium furore non tollitur [7].
> D. 1, 6, 8 (Ulp. 26 ad Sab.) Nam furiosus licet uxorem ducere non possit, retinere tamen matrimonium potest.

Wäre der Konsens kontinuativ, dann müßte die Ehe mit dem Eintritt des Wahnsinns aufhören. Ihr Weiterbestehen erfordert einen Initialkonsens; der einmal bekundete Konsens wirkt fort, weil er nicht mehr widerrufen werden kann.

Im Zusammenhang mit dem Kontinuativkonsens hat das *repudiare non posse* keinen Sinn; denn die Scheidung ergibt sich aus dem Aufhören des Konsenses.

Die Wahnsinnige kann passiver Teil der Scheidung sein (*furiosam repudiari posse*). Aus dem: *quia ignorantis loco ha-*

---

wenn der scheidungsunwillige Partner an ihr festhalten will. Außerdem kann mit dieser Erklärung D. 1, 6, 8 pr. nicht interpretiert werden. Vgl. dazu ROBLEDA: *SDHI* 37 (1971) 346.

[7] PS 2, 19, 7 findet sich in der Lex Romana Visigothorum 2, 20, 4. Die Interpretatio dazu lautet: *Si qui matrimonium sani contraxerint, et uni ex duobus amentia aut furor accesserit, ob hanc infirmitatem coniugia talia solvi non possunt.* Für den römischen Volksteil des Westgotenreiches gilt die gleiche Regelung wie in der Klassik. Dies wäre nicht möglich, wenn der Konsens nicht die gleiche Struktur hätte in Klassik und Nachklassik.

betur, darf nicht entnommen werden, daß die Scheidung durch Aufhören des Konsenses geschieht, weil der Wahnsinnigen von seiten des Gesunden nicht mehr mitgeteilt werden kann: Ich will die Ehe auflösen. Der Gesunde wird von dieser Mitteilungspflicht dispensiert. Trotzdem muß er seinen Scheidungswillen manifestieren. Tut er dies nicht, oder kann er dies nicht, weil er selbst wahnsinnig geworden ist, dauert die Ehe fort.

Die Ehe dessen, der später vom Wahnsinn befallen wird, muß durch einen Initialkonsens zustandekommen. Da der Wahnsinn die Struktur des Konsenses nicht variieren kann, bleibt sie die gleiche wie in den Tagen, als der Kranke noch gesund war. Daraus folgt: Der gesunde Partner muß seine Ehe durch einen gegenteiligen Willensakt lösen.

II. DER *furor* BEIDER GATTEN

Für den, der einen Kontinuativkonsens verteidigt, verschärft sich das Problem, wenn der Wahnsinn beide Partner befällt. Auch dann bleibt die Ehe bestehen:

> D. 1, 6, 8 (Ulp. 26 ad Sab.): Sed et si ambo in furore agant et uxor et maritus et tunc concipiat, partus in potestate patris nascetur, quasi voluntatis reliquiis in furiosis manentibus: nam cum consistat matrimonium altero furente, consistet et utroque.

Nach Volterra[8] gibt Ulpian selbst die Begründung für die Erhaltung der Ehe, wenn er sagt: *quasi voluntatis reliquiis in furiosis manentibus.*

Der Verfasser gibt zu, daß dies ein starkes Argument für Volterra bildet. Die *voluntatis reliquiae* genügen tatsächlich, um die Ehe zu erhalten. Was bedeutet aber dieses « Erhalten »? Wird damit gesagt, daß die *voluntatis reliquiae* die Ehe in jedem Augenblick neu schaffen? Oder meint das Erhalten, daß die *voluntatis reliquiae* die aus einem Initialkonsens entstandenen ehelichen Rechte und Pflichten bestehen lassen, weil der Konsens noch nicht positiv widerrufen ist?

Aus dem zitierten Text läßt sich der Begriffsgehalt des « Erhalten » nicht eindeutig bestimmen. Erhalten kann hier beides bedeuten: in jedem Augenblick und bis auf Widerruf.

Der Begriffsgehalt des « Erhalten » wird aber auf Grund des Kontextes festgelegt. Ulpian sagt nämlich in

---

[8] *Nov. DI* 10 (1964) 333.

D. 1, 6, 8: ... nam furiosus, licet uxorem ducere non possit.

Daß der *furiosus* keine Ehe schließen kann, wird auch in anderen Texten erklärt:

> D. 23, 2, 16, 2 (Paul. 35 ad ed.): Furor contrahi matrimonium non sinit, quia consensu opus est ...

> PS 2, 19, 7: Neque furiosus neque furiosa matrimonium contrahere possunt.

Also genügen die voluntatis *reliquiae nicht*, um die Ehe im ersten Augenblick zu begründen. Deshalb genügen sie auch nicht, um die Ehe in jedem nachfolgenden Augenblick zu schaffen; denn der Konsens, der die Ehe im ersten Augenblick hervorbringt, ist qualitativ nicht verschieden von dem Konsens, der sie in jedem Augenblick erhält, wenn der *consensus* als *consensus continuus* beschrieben wird [9].

Die *voluntatis reliquiae* erhalten die Ehe, kann nur bedeuten: Der einmal abgegebene Konsens wirkt noch, weil er nicht widerrufen ist und nicht mehr widerrufen werden kann. Dieses Fortwirken bezeichnet Ulpian treffend mit *voluntatis reliquiae*. Damit kommt zum Ausdruck, daß noch etwas vom Konsens vorhanden ist, nämlich sein Effekt, die ehelichen Rechte und Pflichten.

Diese Interpretation wird bestätigt durch die von Ulpian angeführte gleiche Begründung für den Fall beiderseitigen Wahnsinns oder nur Wahnsinn des einen Partners: *nam cum consistat matrimonium altero furente, consistet et utroque.*

Die Ehe *utroque furente* bleibt aus dem gleichen Grund bestehen wie die Ehe *altero furente*. Im letzten Fall werden aber nie die *voluntatis reliquiae* als Grund für die Fortdauer der Ehe genannt.

Da *altero furente* die Ehe *propter dementiam* (D. 24, 2, 4) nicht aufgelöst werden kann, ist das gleiche auch für die Ehe *utroque furente* anzunehmen, was sich klar aus dem *quia sensum non habet* (D. 24, 3, 22, 7) ergibt.

Die *voluntatis reliquiae* beinhalten: *repudiare non posse* und *sensum non habere.*

---

[9] Dazu ROBLEDA: *Per* 58 (1969) 396; *Per* 61 (1972) 449-450. Es ist nicht einsichtig, warum unter Voraussetzung eines Kontinuativkonsenses der *furiosus* zwar die Ehe nicht begründen und nicht trennen, aber aufrechterhalten kann.

III. Synthese

Der *furor superveniens* scheidet die Ehe nicht, obwohl kein Konsens mehr erweckt werden kann. Wenn aber schon das Aufhören des Konsenses die Ehe vernichten soll, dann ist es unverständlich, warum sie erhalten bleibt, wenn überhaupt keine Konsensabgabe mehr möglich ist. Es gibt keine stärkere Konsenszertrümmerung als durch den *furor*. Er nimmt nicht nur den aktuellen Bewußtseinsinhalt, sondern er raubt die Potenz zum Konsens [10]. Das Weiterbestehen der Ehe des *furiosus* zeigt deutlich, daß sich die Funktion des Konsenses erschöpft hat, wenn die Ehe hervorgebracht ist. Das eheliche Band hat eine eigene Existenz, die nach dem Prinzip: *matrimonium ex post facto vitiari non potest* [11] erhalten bleibt, auch wenn die Ursache als psychologischer Tatbestand nicht mehr vorhanden ist. Da der *furiosus* keinen Willensakt setzen kann, vermag er weder eine Ehe zu schließen, noch die bestehende aufzulösen.

Befällt der *furor* beide Partner, dann dauert auch ihre Ehe fort. Dies wird mit den *voluntatis reliquiae* begründet. Sie reichen nicht aus, um die Ehe zustandezubringen. Deshalb können sie nicht als *reliquiae* des die Ehe in jedem Augenblick neu schaffenden Willens aufgefaßt werden.

Sie genügen, um die Ehe zu erhalten. Daher sind sie als *reliquiae* des Willens zu betrachten, der die Ehe im ersten Augenblick hervorgebracht hat. Die *voluntatis reliquiae* beinhalten, daß der Effekt des Konsenses nicht widerrufen ist.

§ 5. Die Ehe der impuber

Von der Ehe der *impuber* handelt

> D. 23, 2, 4 (Pomp. 3 ad Sab.): Minorem annis duodecim nuptam tunc legitimam uxorem fore, cum apud virum explesset duodecim annos.

Ein Mädchen wird in das Haus des Mannes geführt. Wegen des bestehenden *impedimentum aetatis* kommt die Ehe nicht zustan-

---

[10] Vgl. D. 50, 17, 5: Paul.: *Nam furiosus nullum negotium contrahere potest;* eod. 40: Pomp.: *Furiosi vel eius, cui bonis interdictum sit, nulla voluntas est;* eod. 124, 1: Paul.: *Furiosus absentis loco est et ita Pomponius libro primo epistularum scribit.*

[11] Dazu VOLTERRA: *BIDR* 37 (1929) 239-245.

de. Dies geht aus dem *tunc legitimam uxorem fore* hervor. Damit ist nämlich gesagt, daß das Mädchen noch nicht *uxor* ist[12].

Sobald das Mädchen das 12. Lebensjahr erreicht hat, wird die Ehe ohne weiteres gültig. Es wird nur verlangt, daß das Mädchen noch beim Manne wohnt.

Da die Ehe der Partner durch den Konsens begründet wird, muß dieser noch vorhanden sein, sobald das Mädchen ehefähig geworden ist. Wie ist das Fortbestehen des Konsenses möglich?

Die Verfechter eines Kontinuativkonsenses haben eine Lösung bereit. Nach ihrer Meinung erwecken die Partner in jedem Augenblick den Willensakt, Mann und Frau zu sein. Das *impedimentum* verhindert, daß der Wille seinen Effekt erzielt. Fällt das Hindernis weg, dann entfaltet der Wille seine volle Virtualität und bringt die Ehe hervor[13].

Dieser Lösung stellen sich nicht geringe Schwierigkeiten entgegen:

a) Der Wille der Partner ist während des Schlafes und bei Bewußtlosigkeit ausgeschaltet. Außerdem kann kein endliches Wesen immer den gleichen Bewußtseinsinhalt haben; dies hieße, das Sein auf das Bewußtsein reduzieren.

b) Es wird unterschieden zwischen Ursache, welche gesetzt ist, und Effekt, der nicht erreicht wird. Sicher läßt auch der Kontinuativkonsens eine solche Unterscheidung zu. Die Ursache kann und muß vom formalen Effekt unterschieden werden[14]. Aber unter Voraussetzung eines Kontinuativkonses kann die Ursache nie ohne Wirkung sein; denn die Ursache (Konsens) schafft ja in jedem Augenblick die Wirkung (Ehe). Negativ ausgedrückt: Wo keine Wirkung ist, ist auch keine Ursache, die dauernd wirkt.

c) Aus dem Zusammenleben mit dem Manne kann nicht geschlossen werden, daß der Konsens in jedem Augenblick abgegeben wird; denn das Zusammenleben ist nicht als Ehe zu qualifizieren[15].

---

[12] Vgl. D. 24, 1, 32, 27. Alle von Ulpian zitierten Juristen (Julian, Labeo, Papinian) nehmen an: *neque nuptias, quod nuptiae esse non potuerunt;* auch D. 48, 5, 14, 8: Ulp.: *coeperitque esse uxor.*

[13] Für alle VOLTERRA, *La conception* 44; *Il matrimonio romano* 139; *Nov. DI* 10 (1964) 332.

[14] Darin ist DI SALVO: *Index* 2 (1971) 381-382, zuzustimmen. Wer die Ehe mit dem Besitz vergleicht, muß erklären, warum er vom Besitz nicht das gleiche sagt wie von der Ehe: er sei Effekt des Konsenses.

[15] Anders VOLTERRA, *La conception* 44. Würden beide nicht mehr zusammenleben wollen, dann könnte keine Ehe zustandekommen. Grund hierfür wäre aber nicht das Aufhören des Konsenses, sondern dessen Widerruf.

Alle diese Schwierigkeiten werden ausgeräumt, wenn der Text anders interpretiert wird.

Aus der Tatsache, daß das Mädchen beim Manne bleibt, ist zu entnehmen, daß beide noch das wollen, was sie mit der Konsenskundgabe gewollt haben, nämlich die Ehe. Beider Konsens dauert noch an, d. h. aber nicht, daß er in jedem Augenblick erweckt wird, sondern, daß er noch nicht widerrufen ist. Deshalb entsteht die Ehe, wenn das *impedimentum* wegfällt, durch einen Initialkonsens. Die in D. 23, 2, 4 dargelegte gesetzliche Regelung gilt auch für die Nachklassik. In dieser Epoche ist aber der Konsens initial.

Für die Scheidung bedeutet dies, daß sie nur durch Konsenswiderruf erfolgen kann.

§ 6. Das divortium der liberta patrono nupta

In den Quellen ist oft die Rede davon, daß sich die Freigelassene, die mit ihrem Patron verheiratet ist, ohne dessen Einverständnis nicht scheiden kann. Spricht dies für einen Kontinuativkonsens?

I. Zur Interpretation von D. 24, 2, 11

Der ulpianische Text lautet:

> Quod ait lex: 'divortii faciendi potestas libertae quae nupta est patrono, ne esto', non infectum videtur effecisse divortium, quod iure civili dissolvere solet matrimonium. quare constare matrimonium dicere non possumus, cum sit separatum. denique scribit Iulianus 'de dote' hanc actionem non habere. merito igitur, quamdiu patronus eius eam uxorem suam esse vult, cum nullo alio conubium ei est. nam quia intellexit legis lator facto libertae quasi diremptum matrimonium, detraxit ei cum alio conubium. quare cuicumque nupserit, pro non nupta habebitur. Iulianus quidem amplius putat nec in concubinatu eam alterius patroni esse posse [16].

a) Nach Kreller [17] müßten die nüchternen Gesetzesleser, wie es die Klassiker auch zur Zeit Ulpians noch waren, den Wortlaut

---

[16] Zur Textkritik besonders SOLAZZI: *BIDR* 34 (1925) 295-311 = *Scr.* III, 21-33; *BIDR* 51-52 = *NS* 10/11 (1948) 327-351.

[17] *JurBl* 70 (1948) 288; vor ihm schon LEVY, *Hergang* 137.

des Gesetzes (*potestas ne esto*) im Sinne eines perfekten Schei-
dungsverbotes interpretieren, so daß die *liberta patrono nupta*
bis zur Erklärung von dessen Scheidungswillen in der Ehe
verblieb.

Auch Volterra [18] hat für den Fall, daß die *liberta matrimonii
causa* freigelassen wurde, ein perfektes Scheidungsverbot vertreten. Eine solche Textinterpretation setzt notwendig einen Initialkonsens voraus.

Astolfi [19] kommt auf Grund der Quellenexegese zum Ergebnis, daß die *liberta patrono nupta* ihre Ehe nicht gegen den
Willen des Patrons auflösen konnte. Wenn die *liberta* in der
Ehe verbleiben muß, bis der Patron der Scheidung zustimmt,
dann spricht dies ebenfalls für einen Initialkonsens.

b) Watson [20] sieht in D. 24, 2, 11 eine Auseinandersetzung
zwischen Julian und Ulpian. Julian vertrete die Auffassung, daß
sich die *liberta* ohne Zustimmung des Patrons nicht scheiden
könne. Dagegen könne sie sich nach Ulpian zwar scheiden, aber
sie habe kein *conubium* mehr: *non infectum videtur effecisse
divortium ... detraxit ei cum alio conubium, quare cuicumque
nupserit, pro non nupta habebitur.*

Die meisten Gelehrten schließen sich der Meinung Ulpians
an [21].

Sie wird durch zwei weitere Texte gestützt:

C. 5, 5, 1: Imp. Alex.: Liberta eademque uxor tua, si a te invito discessit, conubium cum alio non habet, si modo uxorem
eam habere velis.

C. 6, 3, 9: Imp. Alex. (225): Libertae tuae ducendo eam uxorem
dignitatem auxisti, et ideo non est cogenda operas tibi prae-
stare, cum possis legis beneficio contentus esse, quod invito
te iuste non possit alii nubere.

Die Ausdrucksweise *discessit* und die Tatsache, daß die *liberta*
nach der Scheidung keine Dienste mehr zu leisten hat, weisen
auf die Scheidung hin. Das Wiederverheiratungsverbot wird ausgesprochen mit dem *conubium cum alio non habet* und dem
Hinweis, daß der Patron zufrieden sein kann: *quod invito te
iuste non possit alii nubere.*

---

[18] *Studi Riccobono* III, 224; vgl. auch *Il matrimonio romano* 151.
[19] *La Lex Iulia et Papia* 195-217. Damit bestätigt der Autor die Auffassung von BIONDI: *Conferenze augustee nel bimillenario della nascita* 200 =
Scr. II, 152. Nach Ansicht des Verfassers haben die Erörterungen der zwei
Gelehrten Überzeugungskraft im Sinne der initialen Konsensstruktur.
[20] *TR* 29 (1961) 249-259.

Das Verbot, eine neue Ehe einzugehen, hat seinen Grund darin, daß sich die *liberta* mit ihrer einseitigen Scheidung dem Patron gegenüber undankbar gezeigt hat. Er hat ja ihre *dignitas* erhöht, als er sie zur Frau nahm.

II. DIE BEGRÜNDUNG DER SCHEIDUNG

Die Verfechter des Kontinuativkonsenses fordern die Scheidung als logische Konsequenz aus dem Begriff der Ehe. So schreibt Solazzi [22], daß die Ehe der liberta wie jede andere aufgelöst wird « col venir meno della volontà di essere moglie ». Auch Volterra [23] argumentiert vom Begriff her, wenn er ausführt « dato il concetto giuridico classico del matrimonio », sei es für römische Juristen undenkbar, daß das Aufhören des Konsenses nicht zugleich die Scheidung mit sich bringt.

Dagegen kann gesagt werden: Es ist nicht notwendig, die Scheidung der *liberta patrono nupta* aus dem Begriff der Ehe zu begründen; denn die völlige Scheidungsfreiheit bietet eine hinreichende Erklärung:

> C. 8, 38, 2: Imp. Alex. (223): Libera matrimonia esse antiquitus placuit. ideoque pacta, ne liceret divertere, non valere et stipulationes, quibus poenae inrogarentur ei qui divortium fecisset, ratas non haberi constat [24].

III. FÜR ODER GEGEN EINEN KONTINUATIVKONSENS

Scheidet sich die *liberta patrono nupta* ohne Einverständnis des Patrons, dann ist ihre Ehe geschieden. Daraus geht hervor, daß das Einverständnis des Patrons nur zur Erlaubtheit der Scheidung gefordert wird. Wir haben den gleichen Tatbestand wie bei der Notwendigkeit der Gründe in der Nachklassik. Aus

---

[21] U. a. KUNKEL: *RE* XIV, 2280; BONFANTE 339; SOLAZZI: *BIDR* 34 (1925) 297 = *Scr.* III, 23; RATTI: *BIDR* 35 (1927) 210; CORBETT 243; VOLTERRA: *Studi Riccobono* III, 222-224; DI MARZO, *Ist.* 5. Aufl. (1946) 173; WOLFF: *SZ* 67 (1950) 86; LAURIA 64; ROBLEDA: *Per* 58 (1969) 386; ders., *El matrimonio* 264; KASER, *RP* I, 2. Aufl. 321.

[22] *BIDR* 34 (1925) 297 = *Scr.* III, 23.

[23] *Nov. DI* 6 (1960) 63.

[24] Vgl. auch D. 45, 1, 134 pr.: Paul.: *... quia inhonestum visum est vinculo poenae matrimonia obstringi sive futura sive iam contracta;* ferner C. 5, 4, 14: Impp. Diocl. et Max.: *Unde intelligis liberam facultatem contrahendi atque distrahendi matrimonii transferri ad necessitatem non oportere.*

der Notwendigkeit der Scheidungsgründe wird aber geschlossen, daß sich nun der Konsens gewandelt habe[25]. Warum wandelt sich der Konsens nicht, wenn sich die liberta ohne Einverständnis des Patrons scheidet?

Wenn aus dem Wiederverheiratungsverbot abgeleitet wird, daß die Ehe noch weiterbesteht, dann besteht auch die Ehe der *liberta* weiter, falls sich die *liberta* gegen den Willen des Patrons geschieden hat[26]. Wird das Wiederverheiratungsverbot verletzt, dann ist die neue Ehe nichtig. Nichtig kann aber nur ein Rechtsgeschäft sein.

Die Verweigerung des *conubium* stellt eine Strafe dar. Dann ist mit Robleda[27] zu bedenken: Wenn die Scheidung sich aus dem Aufhören des Konsenses ergäbe, dann könnte die Bestrafung der *liberta* keine Erklärung finden.

Justinian hat in Nov. 22, 37 (535) das Scheidungsverbot wiederholt. Mit keinem Wort wird eine verschiedene Konsensstruktur erwähnt. Nirgends wird gesagt, daß die Scheidung in der Klassik durch Aufhören des Konsenses, in der Nachklassik durch Widerruf des Konsenses geschieht[28].

Daraus folgt, daß das *divortium* der *liberta patrono nupta* nicht für einen Kontinuativkonsens spricht.

IV. ZUSAMMENFASSUNG

Sowohl in der Klassik als auch in der Nachklassik kann sich die *liberta patrono nupta* ohne Einverständnis des Patrons scheiden, auch wenn ihr das *ius conubii* mit einer dritten Person versagt wird.

In der Nachklassik muß der Konsens durch einen gegenteiligen Willensakt widerrufen werden. Es läßt sich aus den Quellen nicht beweisen, daß in der Klassik die Scheidung anders begründet worden ist.

---

[25] Vgl. VOLTERRA, *La conception* 59-62; ders., *Il matrimonio romano* 286-294; D'ERCOLE: *SDHI* 5 (1939) 35.

[26] Über den Zusammenhang von Wiederverheiratungsverbot und Fortdauer der Ehe vgl. D'ERCOLE: *SDHI* 5 (1939) 52; BIONDI, *DRC* III, 175; ASTOLFI 202.

[27] *Per* 58 (1969) 400. Auf den Zusammenhang zwischen Strafe und Initialkonsens hat schon ALBERTARIO hingewiesen: *Enc. Ital.* 22 (1934) 580.

[28] Vgl. GAUDEMET: *RIDA* 2 (1949) 364 Anm. 169 = *Mél. De Visscher* I, 364 Anm. 169.

§ 7. Das divortium simulatum

Die Klassik kennt ein *divortium simulatum*. Läßt sich dies mit einem Kontinuativkonsens vereinbaren?

I. ZUM VERSTÄNDNIS VON D. 24, 1, 64

Javolen schreibt (24 ex post. Labeonis):

> Vir mulieri divortio facto quaedam idcirco dederat, ut ad se reverteretur: mulier reversa erat, deinde divortium fecerat. Labeo: Trebatius inter Terentiam et Maecenatem respondit, si verum divortium fuisset, ratam esse donationem, si simulatum, contra. sed verum est, quod Proculus et Caecilius putant, tunc verum esse divortium et valere donationem divortii causa factam, si aliae nuptiae insecutae sunt aut tam longo tempore vidua fuisset, ut dubium non foret, alterum esse matrimonium: alias nec donationem ullius esse momenti futuram [29].

Ein Mann macht seiner geschiedenen Frau ein Geschenk, damit sie zu ihm zurückkomme. Die Frau kehrt zurück, nimmt die Lebensgemeinschaft wieder auf, löst sie aber wieder. Es fragt sich nun: Ist das Geschenk gültig?

Es ist gültig, wenn das erste *divortium* ein *divortium verum* war. Es ist ungültig, wenn es ein *divortium simulatum* war. Die Kernfrage lautet also: Bestand zwischen der Scheidung und der Rückkehr der Frau eine Ehe oder nicht?

Der Text enthält zwei Kriterien zur Lösung der Frage:

a) Hat ein Partner in der Zwischenzeit mit einem Dritten eine Ehe geschlossen, dann ist die erneuerte Ehe ein *aliud matrimonium*, weil das vorangegangene *divortium* ein *divortium verum* war. Der Partner hat nämlich die erste Ehe aufgelöst, um eine zweite eingehen zu können.

b) Geschieht die Rückkehr der Frau nach einem *longum tempus*, dann ist die erneuerte Ehe ebenfalls ein *aliud matrimonium*, weil das *divortium* ein *divortium verum* war.

Aber nicht das *longum tempus* löst die Ehe [30]. Stirbt je-

---

[29] LONGO (G) hält den ganzen Text für echt: *Studi Riccobono* III, 125 = *Ricerche* 14-15. Gegen das *si simulatum contra* werden Einwände erhoben. Diese sind aber für die Interpretation des Textes von geringer Bedeutung, da das *verum divortium* unangefochten bleibt.

[30] Die Quellen berücksichtigen das *longum tempus* nur zur Klärung der Frage, ob es sich nach einer *renovatio matrimonii* um dieselbe oder

mand kurz nach der Scheidung, dann wird niemand behaupten, daß die Ehe durch Tod und nicht durch Scheidung aufgelöst wurde, weil der Scheidung kein *longum tempus* folgte. Außerdem kann man durch den Abschluß einer neuen Ehe die Scheidung der bestehenden Ehe anzeigen. In diesem Fall liegt zwischen Scheidung und Wiederverheiratung überhaupt kein *tempus*. Auch könnte das *longum tempus* die Ehe nur dann scheiden, wenn es zeitlich genau umschrieben wäre [31].

Das *longum tempus* ist ein Kriterium, aus dem zu ersehen ist, ob die Scheidung *in calore iracundiae* oder aber mit dem *animus perpetuam constituendi dissensionem* vollzogen wurde [32]. Nur wenn das *iudicium animi* vorhanden ist, liegt ein *divortium verum* vor.

Longo Gian. [33] beschreibt das *divortium verum* als « manifestazione di volontà contraria a quella volontà continuativa su cui il matrimonio romano si fonda ».

Dem Gelehrten ist beizupflichten, wenn er für die Scheidung eine volontà contraria verlangt; denn die Scheidung wird nur durch einen Willensakt bewirkt. Fehlt dieser Willensakt, dann wird von einem *divortium simulatum* gesprochen. Longo kann aber keine Zustimmung erhalten, wenn er die römische Ehe auf einer volontà continuativa gründen läßt.

Im Falle des *divortium simulatum* ist die Scheidung nichtig. Ein nichtiger Akt kann aber nicht kontinuativ sein. Deshalb muß sich die Funktion des Scheidungswillens in einem Augenblick erschöpfen. Daraus folgt, daß sich auch die Funktion des Ehebegründungswillens in einem Augenblick erschöpft; denn der Willensakt, durch den die Ehe geschieden wird, muß dem Willensakt, durch den die Ehe geschlossen wird, materiell gleichgestaltet, inhaltlich aber entgegengesetzt sein.

II. Ergebnis

D. 24, 1, 64 kann nur unter Voraussetzung eines Initialkonsenses verstanden werden. Das *divortium verum* kommt durch einen Willensakt zustande. Dies folgt aus der Nichtigkeit des

---

um eine neue Ehe handelt: D. 23, 2, 33; 24, 2, 3; 50, 17, 48; Frag. Vat. 107. Demnach bietet das *longum tempus* kein Argument für die Meinung, die Scheidung sei ein gestreckter Tatbestand. Vgl. Yaron: *TR* 32 (1964) 533-542.

[31] Dazu Orestano, *Struttura* I, 239-240.

[32] So Paulus: D. 24, 2, 3; auch Papinian: D. 23, 3, 31. Vgl. Kaser, *RP* I, 2. Aufl., 327.

[33] *Studi Riccobono* III, 126 = *Ricerche* 14.

divortium simulatum; denn ihm fehlt der geforderte Willensakt. Ebenfalls ergibt sich aus der Nichtigkeit des *divortium simulatum,* daß der Scheidungswille nicht kontinuativ sein kann. Da aber der Ehebegründungswille die gleiche Struktur wie der Ehescheidungswille aufweisen muß, kann auch er nicht kontinuativ sein.

§ 8. Der Sinngehalt von divortium

I. DIVORTIUM UNILATERALE

Die Nachklassik betrachtet die einseitige Scheidung als etwas Logisches. Wie der Beginn der Ehe vom Willen abhängt, so auch das Ende:

Nov. 22, 3 (535): Quoniam horum quae in hominibus subsequuntur, quidquid ligatur, solubile est [34].

Es stellt sich die Frage, ob das Vom-Willen-abhängen in der Klassik das gleiche bedeutet wie in der Nachklassik, nämlich daß der Wille sich in einer gegenteiligen Weise manifestiert, oder beinhaltet das Vom-Willen-abhängen in der Klassik: Aufhören des Konsenses?

Die Quellen lassen einen solchen unterschiedlichen Begriffsgehalt nicht zu. Auch Kaiser Justinian macht in seiner Nov. 22, 3 keinen Unterschied zwischen Klassik und Nachklassik, sondern er stellt ein allgemein gültiges Prinzip auf. Selbst unter jenen Autoren, die für die Klassik einen Kontinuativkonsens verteidigen, gibt es Stimmen, die für die Scheidung einen gegenteiligen Willensakt annehmen, so u. a. Basanoff [35], Longo Gian. [36], Kaser [37]. Dies zeigt, daß auch für sie in der Klassik und in der Nachklassik das Vom-Willen-abhängen den gleichen Sinn hat: Widerruf des Konsenses [38].

---

[34] Hier handelt es sich um eine einseitige Scheidung; denn der Text steht im Zusammenhang mit dem *divortium illicitum.* Auch hatte Justinian im Jahre 535 die einverständliche Scheidung noch nicht verboten.

[35] *Studi Riccobono* III, 179.

[36] *Studi Riccobono* III, 126 = *Ricerche* 14.

[37] *RP* I, 268. Anders in der 2. Aufl., 314.

[38] Vgl. ROBLEDA: *Per* 58 (1969) 398.

II. DIVORTIUM COMMUNI CONSENSU

Die einverständliche Scheidung wird von der Nachklassik gleichfalls als etwas Logisches angesehen. So begründet Justinus II. die Aufhebung des Gesetzes, das die einverständliche Scheidung verbietet:

> Nov. 140, 1 (566): Si enim ⟨in⟩ alterutrum adfectus nuptias solidat, ⟨merito⟩ contraria voluntas istas cum consensu dissolvit.

Was das Faktum der einverständlichen Scheidung betrifft, gibt es keinen Unterschied zwischen Klassik und Nachklassik[39]. In der Nachklassik besagt das *divortium communi consensu*, daß die beiden Partner ihre aus dem Initialkonsens entstandene Verpflichtung zum *consortium omnis vitae* durch eine *contraria voluntas* auflösen. Es läßt sich aus den Quellen nicht begründen, daß das *divortium communi consensu* in der Klassik etwas anderes bedeuten soll. Auch Justinus fordert für das *divortium communi consensu* die *contraria voluntas*, wobei er nicht zwischen Klassik und Nachklassik unterscheidet.

Als Ergebnis der Textexegesen kann festgestellt werden: Das *divortium* erfolgt auch in der Klassik durch Konsenswiderruf. Das beweist, daß der Begriffsgehalt von *divortium* der gleiche ist wie in der Nachklassik.

---

[39] Manche Autoren vertreten die Auffassung, daß das *divortium communi consensu* im römischen Recht jederzeit möglich war, so u. a. KUNKEL: *RE* XVI, 2278-2279; KASER, *RP* II, 123, Anm. 40; VOLTERRA: *Nov. DI* 6 (1960) 64; BIONDI, *DRC* III, 173; CAES: *Mél. Hist. Et. van Cauwenbergh* (1961) 167; MEIRA: *Romanitas* 3-4 (1961) 210. Andere weisen darauf hin, daß das *divortium communi consensu* keine juristische Kategorie darstellt, so BASANOFF: *Studi Riccobono* III, 193 und YARON: *TR* 32 (1964) 551. Anastasius hat deshalb mit C. 5, 17, 9 (497) das *divortium communi consensu* nicht eingeführt, sondern nur herausgestellt, daß die Frau nach einem solchen *divortium* nicht fünf Jahre warten muß. Sie kann schon wieder nach einem Jahr eine neue Ehe schließen. Vgl. dazu ROBLEDA: *Per* 58 (1969) 390. Anm. 90; ders., *El matrimonio* 268 Anm. 75.

2. Kapitel: Die Bigamie

Einen Beweis für die These vom Wandel der Konsensstruktur sieht Volterra [1] in der verschiedenen Behandlung der Bigamie in der Klassik und in der Nachklassik. Sein Gedankengang läßt sich kurz so umreißen:

Die Klassik kennt kein eigenes Bigamieverbrechen. Sie kann ein solches Verbrechen nicht kennen, weil die Struktur der Ehe keine Bigamie verträgt. Als rapporto giuridico erlaubt die Ehe auf Grund ihres monogamischen Charakters nicht zwei rechtliche Beziehungen zu ein und derselben Person; denn es ergibt sich folgende Alternative: Gehört die *affectio maritalis* dem zweiten Partner, dann hört sie dem ersten gegenüber auf. Deshalb ist die erste Ehe *ipso iure* geschieden. Sie kann ja nicht bestehen, wenn sie nicht dauernd von der *affectio maritalis* getragen wird. Soll aber die *affectio* dem ersten Partner gehören, dann kann keine zweite Ehe zustandekommen. Diese kann nicht einmal erstrebt werden; denn es gibt kein Erstreben, das von einem Verwirklichen getrennt werden kann [2].

Anders gestaltet sich die Regelung in der Nachklassik. Da nun bestimmte Scheidungsgründe gefordert werden und eine Scheidungsform eingehalten werden muß, kann die neue Ehe nicht mehr *ipso iure* die bestehende auflösen. Diese tritt selbständig neben die zweite Ehe und bleibt solange erhalten, bis eine Scheidung erfolgt.

Jetzt wird Bigamie als eigenes Verbrechen möglich und kann als solches bestraft werden. Die Möglichkeit der Bigamie als eigenes Verbrechen macht deutlich, daß sich der Konsens gewandelt hat; denn die bestehende Ehe bleibt erhalten, obwohl eine zweite angestrebt wird. Das Anstreben der Zweitehe hat keinen Einfluß mehr auf die erste Ehe.

---

[1] *Studi Ratti* 387-447; *La conception* 62-63; *Il matrimonio romano* 154. Zustimmend u. a. D'Ercole: *SDHI* 5 (1939) 46-48; Gaudemet: *RIDA* 2 (1949) 355-356 = *Mél. De Visscher* I, 355-356; Lauria 12; vgl. auch Volterra: *Studi Scherillo* II, 545; *ED* 25 (1975) 795.
[2] Dazu Robleda, *El matrimonio* 117.

So zeigt das Nichtvorhandensein, ja das Nichtvorhandensein-können des Bigamieverbrechens in der Klassik, daß die Ehe auf einem Kontinuativkonsens gründet, der sie in jedem Augenblick neu schafft. Die zweite Ehe muß die erste *ipso iure* lösen. Das Vorhandensein, ja das Vorhandensein-müssen des Bigamieverbrechens in der Nachklassik offenbart aber, daß sich nun der Konsens geändert hat. Die zweite Ehe hat keinen Einfluß mehr auf die erste. Diese bleibt erhalten, obwohl der Konsens aufgehört hat. Das Problem des Kapitels liegt in zwei Fragen:

a) Trennt das Faktum der neuen Ehe ohne weiteres die bestehende Ehe, oder läßt die bestehende Ehe keine neue aufkommen? Ist das letztere der Fall, dann muß die Scheidung dem neuen Eheabschluß vorausgehen.

b) Kennt die Klassik die Möglichkeit einer Bigamie? Wird die Frage positiv beantwortet, dann bietet die Bigamie kein Argument für eine Konsensänderung in der Nachklassik.

§ 9. Die eheauflösende Kraft der Zweitehe

Löst die Zweitehe *ipso iure* die bestehende Ehe, dann kann nicht von einem Hindernis des Ehebandes gesprochen werden. Das Eheband bildet nämlich deshalb ein Hindernis, weil es einer neuen Eheschließung entgegensteht, d. h. die Scheidung der bestehenden Ehe muß der Zweitehe vorausgehen.

Mit einem Kontinuativkonsens ist das *impedimentum ligaminis* nicht vereinbar[3]. Da für die Klassik ein Kontinuativkonsens verteidigt wird, muß zunächst geprüft werden, ob ihr ein solches *impedimentum* bekannt ist oder nicht.

I. DAS HINDERNIS DES EHEBANDES

Der wichtigste Text zu unserer Frage findet sich bei

Gai. 1, 63: Ideo autem diximus « quondam », quia si adhuc constant eae nuptiae, per quas talis adfinitas quaesita est, alia ratione mihi nupta esse non potest, quia neque eadem duobus nupta esse potest, neque idem duas uxores habere.

Der Text bestätigt zunächst die monogamische Struktur der römischen Ehe: keine Frau kann mit zwei Männern verheiratet sein, und kein Mann kann zwei Frauen haben.

---

[3] Vgl. VOLTERRA, *Il matrimonio romano* 357.

Volterra [4] interpretiert den Text in dem Sinne, daß die zweite Ehe die erste löst.

Wer nur den Quia-Satz für sich allein betrachtet, könnte Volterra zustimmen. Aber der Kontext verlangt eine andere Interpretation. Es ist verboten, daß sich diejenigen heiraten, die früher schon einmal verschwägert waren. Gaius präzisiert das *quondam*, indem er darauf hinweist, daß eine Heirat nicht in Frage kommen kann, solange die Ehe besteht, die das Hindernis der Schwägerschaft begründet.

Würde die zweite Ehe die erste lösen, dann könnte Gaius nicht sagen: *Si adhuc constant eae nuptiae* (erste Ehe) ... *alia ratione mihi nupta esse non potest* (zweite Ehe). Mit anderen Worten: Gaius könnte nicht reden von einer « zweiten Ehe, solange die erste noch existiert ».

Hier wird die erste Ehe zum Hindernis einer neuen Ehe, so daß der Quia-Satz nur das *impedimentum ligaminis* beschreiben kann, das schon in der Klassik Geltung hatte [5].

Dies geht auch aus einem Vergleich mit nachklassischen Texten hervor:

> Inst. 1, 10, 6: Ut ecce privignam aut nurum uxorem ducere non licet, quia utraeque filiae loco sunt. Quod scilicet ita accipi debeat, si fuit nurus aut privigna; nam si adhuc nurus est, id est si adhuc nupta est filio tuo, alia ratione uxorem eam ducere non possis, quia eadem duobus nupta esse non potest; item si adhuc privigna tua est, id est si mater eius tibi nupta est, ideo eam uxorem ducere non poteris, quia duas uxores eodem tempore habere non licet.

> Inst. 1, 10, 7: Socrum quoque et novercam prohibitum est uxorem ducere, quia matris loco sunt. quod et ipsum dissoluta demum adfinitate procedit: alioquin si adhuc noverca est, id est si adhuc patri tuo nupta est, communi iure impeditur tibi nubere, quia eadem duobus nupta esse non potest: item si adhuc socrus est, id est si adhuc filia eius tibi nupta est, ideo impediuntur nuptiae, quia duas uxores habere non possis.

Aus beiden Texten wird ersichtlich: Es ist die erste Ehe, die die zweite nicht zustandekommen läßt (*eam uxorem ducere*

---

[4] *Studi Ratti* 440-441; *La conception* 62-63; *Nov. DI* 10 (1964) 332; *ED* 25 (1975) 795.

[5] Das Hindernis der Doppelehe verteidigen für die Klassik u. a. MOMM-SEN 701; KUNKEL: *RE* XIV, 2265; ALBERTARIO: *Enc. Ital.* 22 (1934) 581; SAN-FILIPPO, *Ist.* 5. Aufl. (1964) 147; BIONDI, *Ist.* 4. Aufl. (1965) 581; JÖRS-KUNKEL-WENGER 273; KASER, *RP* I, 2. Aufl. 315; KUPISZEWSKI: *SZ* 84 (1967) 100; GUARINO 589; ROBLEDA, *El matrimonio* 180.

non poteris; impeditur tibi nubere; impediuntur nuptiae). Inhaltlich deckt sich das *eam ducere non poteris* mit dem gaianischen Ausdruck: *nupta esse non potest.*

Als Begründung wird von Gaius und Justinian der monogamische Charakter der Ehe angegeben: *quia eadem duobus nupta esse non potest; quia duas uxores habere non potest* (Justinian: *non licet; non possis*).

Eine verschiedene Interpretation des Quia-Satzes läßt sich nicht nachweisen [6]. Da aber die Texte Justinians mit dem Quia-Satz das *impedimentum ligaminis* beschreiben, muß der gleiche Satz auch in Gai. 1, 63 in diesem Sinne verstanden werden. Ein solches Hindernis widerspricht dem Kontinuativkonsens [7].

II. DIE ZWEITEHE ALS ZEICHEN EINER ERNSTGEMEINTEN SCHEIDUNG

Es gibt in den Quellen einige Texte, die sich mit den *nuptiae insecutae* nach einem *divortium* befassen:

> D. 23, 2, 33 (Marci. 3 ad leg. Iul. et Pap.): Plerique opinantur, cum eadem mulier ad eundem virum revertatur, id matrimonium idem esse: quibus adsentior, si non multo tempore interposito reconciliati fuerint nec inter moras aut illa alii nupserit aut hic aliam duxerit, maxime si nec dotem vir reddiderit.
> D. 24, 1, 64 (Iav. 6 ex post. Lab.): Vir mulieri divortio facto quaedam idcirco dederat, ut ad se reverteretur: mulier reversa erat, deinde divortium fecerat ... sed verum est, quod Proculus et Caecilius putant, tunc verum esse divortium et valere donationem divortii causa factam, si aliae nuptiae insecutae sunt ...
> D. 24, 2, 3 (Paul. 35 ad ed.): Ideoque per calorem misso repudio si brevi reversa uxor est, nec divortisse videtur.

---

[6] So denkt auch BURDESE: *Gli istituti* 118 Anm. 12, wenn er Gai. 1, 63 das gleiche ausdrücken läßt wie in Inst. 1, 10, 7.

[7] Wer das *impedimentum ligaminis* nur für die Nachklassik gelten läßt, weil die bestehende Ehe nicht mehr durch den Abschluß einer Zweitehe geschieden werden kann, darf es nicht für die Zeit vor dem Jahre 449 annehmen. Bis zur Einführung einer zur Gültigkeit der Scheidung notwendigen Form kann jeder die Scheidung seiner bestehenden Ehe durch den Abschluß einer neuen Ehe anzeigen, wenn er einen entsprechenden Scheidungsgrund angibt. Deshalb gilt: Entweder bleibt der Konsens bis zum Jahre 449 kontinuativ und das *impedimentum ligaminis* erscheint erst mit der Einführung der Scheidungsform, oder das *impedimentum ligaminis* besteht schon vor 449. Dies bedeutet aber, daß es auch dann vorhanden sein kann, wenn die Scheidung der Ehe durch eine neue Eheschließung bekundet werden kann.

Volterra[8] versteht die klassischen Texte dahingehend, daß die zweite Ehe die erste scheidet. Er begründet seine Meinung mit dem Hinweis auf den Begriff der Ehe und der Scheidung und mit dem monogamischen Prinzip.

Diese Interpretation provoziert Einwendungen:

a) Nirgends wird gesagt, daß die zweite Ehe die erste trennt.

b) Immer geht die Scheidung der neuen Ehe voraus[9]. Diese kann die bestehende Ehe nicht trennen. Es erhebt sich aber die Frage, ob die vollzogene Scheidung ein *divortium verum* war. Wenn zwischen Scheidung und Wiederherstellung der Ehe eine Ehe mit einem Dritten eingegangen wurde, dann liegt ein *divortium verum* vor; denn das *divortium* ist erfolgt, um den Weg zu einer neuen Ehe zu eröffnen.

Die Texte beweisen wenigstens eines: Nicht die zweite Ehe scheidet die erste, sondern die erste Ehe wird geschieden, um die zweite schließen zu können. *Renovatis nuptiis* ist die Zweitehe ein Zeichen, daß die vorangegangene Scheidung ernstgemeint war.

Der Verfasser gibt gerne zu, daß die zitierten Texte nichts über die Konsensstruktur aussagen.

III. DIE ZWEITEHE ALS ZEICHEN EINER SCHEIDUNG

Hier wird die Frage behandelt, ob die Scheidung der bestehenden Ehe durch den Abschluß einer Zweitehe angezeigt werden kann. Nur eine eingehende Textanalyse kann Antwort geben.

1. Besonders interessant ist der Text aus Cicero,

De Oratore 1, 40, 183: Quid? quod usu memoria patrum venit, ut paterfamilias, qui ex Hispania Romam venisset, cum mulierem praegnantem in provincia reliquisset, Romae alteram duxisset neque nuntium priori remisisset mortuusque esset intestato et ex utraque filius natus esset, mediocrisne res in contentionem adducta est, cum quaereretur de duobus civium capitibus et de puero, qui ex posteriore natus erat, et de eius matre, quae, si iudicaretur certis quibusdam verbis, et non novis nuptiis fieri cum superiore divortium, in concubinae loco duceretur.

---

[8] *Studi Ratti* 418; *Il matrimonio romano* 295-296.

[9] Dies geht aus den Texten hervor: D. 23, 2, 33: *inter moras*; D. 24, 1, 64: *divortio facto*; D. 24, 2, 3: *misso repudio*.

Ein *paterfamilias* läßt seine schwangere Frau in Spanien zurück und kommt nach Rom, wo er eine andere heiratet, ohne der ersten den *nuntius* gesandt zu haben. Nachdem ihm beide Frauen einen Sohn geschenkt haben, stirbt der *pater*. Da kein Testament hinterlegt wurde, wird darüber diskutiert, ob der zweite Sohn Erbe ist und ob seine Mutter *uxor* oder *concubina* war. Sie war *concubina*, wenn die Scheidung durch *certa quaedam verba* und nicht durch *novae nuptiae* manifestiert wird.

Volterra [10] entnimmt dem Text im wesentlichen zwei Argumente, um seine These von der eheauflösenden Kraft der Zweitehe zu stützen:

a) Nach Auffassung des bekannten Rechtsgelehrten fragt Cicero, ob die zweite Ehe als *iustae nuptiae* zu betrachten ist und deshalb die Kraft hat, die bestehende Ehe zu lösen, oder ob die erste Ehe als gültig anzusehen ist, und deshalb die neue Ehe als Konkubinat qualifiziert werden muß. Deshalb lautet nach Volterra Ciceros Alternative: Gültigkeit der Zweitehe und damit Aufhören des Konsenses gegenüber der ersten Ehe oder Festhalten an der ersten Ehe und damit Konsensmangel gegenüber der Zweitehe [11].

Die Alternativfrage Volterras ist überhaupt nur möglich, wenn die Auflösung der ersten Ehe durch Abschluß der Zweitehe bekundet werden kann. Würde das Faktum der zweiten Eheschließung ohne weiteres die Ehe lösen, dann wäre die aufgezeigte Fragestellung überflüssig; denn an der Tatsache der zweiten Eheschließung ist nicht zu rütteln (*Romae alteram duxit*). Unter Voraussetzung eines Kontinuativkonsenses müßte damit die in Spanien geschlossene Ehe getrennt sein. Folglich bestätigt Volterras Alternative die Auffassung, daß die Zweitehe nicht *ipso facto* die vorige Ehe löst.

Ist die Alternativfrage textlich gesichert?

Der Wortlaut jedenfalls bietet dafür keine Grundlage. Cicero beschäftigt sich nicht mit der Tatsache, ob eine gültige Zweitehe mit dem Festhalten an der bestehenden Ehe unverträglich ist. Er fragt vielmehr, ob die erste Ehe durch *certa quaedam verba* geschieden werden muß oder ob die Scheidung durch *novae nuptiae* angezeigt werden kann.

Dies ist der Sinn der Worte: *si iudicaretur certis quibusdam*

---

[10] *Studi Ratti* 393; 417; *La conception* 59; *Il matrimonio romano* 295; *Nov. DI* 6 (1960) 63 Anm. 2; *Nov. DI* 10 (1964) 332; *Studi Scherillo* II, 445; *ED* 25 (1975) 795.

[11] Dieser Fragestellung schließt sich u.a. DI SALVO: *Index* 2 (1971) 385 an.

verbis, non novis nuptiis fieri cum superiore divortium. Daraus geht hervor: Die *certa quaedam verba* sind nicht unter allen Umständen notwendig, wenn auch die Scheidung meistens in verbaler Form vollzogen wird. Cicero läßt aber die Möglichkeit offen, daß jemand durch das Faktum der neuen Eheschließung die Scheidung seiner früheren Ehe manifestieren kann. Der Text erklärt, daß der *pater* seine in Spanien geschlossene Ehe nicht durch den *nuntius* (also nicht durch *certa quaedam verba*) aufgelöst hat. Fest steht auch die erneute Eheschließung in Rom. Gefragt wird, ob der *pater* hiermit die Scheidung seiner früheren Ehe bekunden wollte. Eine Antwort wird nicht gegeben. Sie ist gar nicht möglich, weil keiner weiß, was der *pater* mit der zweiten Eheschließung intendiert hat: Scheidung der bestehenden Ehe oder Anstreben einer Zweitehe bei Festhalten an der ersten? Ist letzteres der Fall, dann ist die Mutter des zweiten Kindes in concubinae loco [12].

Nach Volterra ist die Zweitehe *iustae nuptiae*, weil mit ihrem Abschluß die bestehende Ehe *ipso iure* gelöst wurde. Wäre diese Textinterpretation richtig, dann wäre nicht einzusehen, warum die fähigsten Juristen schon seit Väters Zeiten das Problem diskutieren [13].

Dieser Streit offenbart doch, daß die Zweitehe nicht ohne weiteres die erste scheidet. Es kann also jemand an der ersten Ehe festhalten und doch eine zweite Ehe anstreben. Als Folgerung ergibt sich: Ciceros Text ist nicht verständlich, wenn man nicht die Möglichkeit der Bigamie einräumt.

b) Volterra [14] sieht eine weitere Stütze für seine These darin, daß Cicero den *pater* nicht als Bigamisten bezeichnet. Zugegeben, Cicero spricht nicht von Bigamie. Es fragt sich jedoch, ob der

---

[12] So auch WATSON 54: « And we are told, that there was great dispute among the jurists as to whether or not the second union counted as marriage, — i.e. was the fact of the second 'marriage' itself proof of the divorce? — and as to whether a son born of it was legitimate ». Auch LAURIA, 47, schreibt zum Text: « Il dubbio sorse ed era grave, non resultando la volontà del morto ». Vgl. auch CORBETT 225. Vor allem hat sich ROBLEDA mit der Interpretation des Textes befaßt: *Per* 58 (1969) 381; *El matrimonio* 141. In der Auseinandersetzung mit DI SALVO: *Index* 2 (1971) 385; hat ROBLEDA: *SDHI* 37 (1931) 348, seine Interpretation mit aller Klarheit vorgelegt. Es ist schwer, ihr die Zustimmung zu versagen. Vgl. auch GUARINO 589.

[13] Cicero: De Oratore 1, 56, 238: *... fuit inter peritissimos homines summa de iure dissensio.*

[14] *Studi Ratti* 393; *Nov. DI* 6 (1960) 63 Anm. 2. Dagegen spricht nicht, daß der Begriff *bigamus* erst im 4. Jahrhundert auftaucht. Vgl. dazu VOLTERRA, *Studi Ratti* 420 Anm. 2.

bei Cicero fehlende Hinweis genug Überzeugungskraft besitzt, wie Volterra annimmt.

Die Tatsache, daß Cicero den *pater* nicht der Bigamie bezichtigt, läßt sich auch so erklären: Er weiß gar nicht, ob der *pater* die Scheidung der bestehenden Ehe durch den Abschluß einer neuen Ehe anzeigen wollte oder ob er den Willen hatte, die erste Ehe aufrechtzuerhalten und daneben eine zweite Ehe anzustreben. Weil Cicero die Intention des *pater* nicht kennt, kann er ihn auch nicht als Bigamisten bezeichnen.

Damit ist der Unterschied zu Volterras Auffassung deutlich: Da nach ihm die Zweitehe *ipso facto* die bestehende Ehe löst, ist Bigamie nicht möglich, weshalb Cicero den *pater* nicht der Bigamie überführen kann.

Dagegen verteidigt der Verfasser die Möglichkeit der Bigamie; denn, wie oben dargelegt wurde, kann jemand an der ersten Ehe festhalten und eine zweite anstreben. Cicero weiß nicht, ob der *pater* dies gewollt hat; deshalb darf er ihn nicht als Bigamisten verdächtigen.

Im übrigen bestätigt der Text die vom Verfasser vorgetragene Interpretation von Gai. 1, 63. Nach Gaius kann der Mann keine zwei Frauen haben. Auf den ciceronianischen Text angewandt, darf daraus nicht der Schluß gezogen werden, daß der *pater* mit der zweiten Frau gültig verheiratet ist. Cicero behauptet nämlich nicht die Gültigkeit der zweiten Ehe, vielmehr fragt er, ob die Scheidung der ersten Ehe durch den Abschluß der zweiten Ehe angezeigt werden kann. Gerade diese Fragestellung entkräftet die Interpretation von Gai. 1, 63, wie sie Volterra[15] und Di Salvo[16] vorlegen. Die Frage weist nämlich darauf hin, daß die Zweitehe nur dann gültig ist, wenn ihr die Scheidung der bestehenden Ehe vorausgeht. Demnach trennt nicht die Zweitehe die erste, sondern die erste bildet ein Hindernis für das Zustandekommen der zweiten.

Weiter ergibt sich: Die Scheidung der Erstehe erfolgt nicht durch Aufhören des Konsenses.

Da der Abschluß der *novae nuptiae* die Funktion der *certa verba* übernehmen kann, muß er den Widerruf des Konsenses zur ersten Ehe implizieren, d. h. der Wille zu den *novae nuptiae* ist ein Nicht-mehr-wollen der bestehenden nuptiae.

Somit beinhaltet Scheidung immer dasselbe, ganz gleich, ob sie durch *certa quaedam verba* oder durch *novae nuptiae*

---

[15] *Nov. DI* 10 (1964) 332.
[16] *Index* 2 (1971) 385.

geschieht. Auch die Tatsache, daß der *pater* nicht mit Infamie
(D. 3, 2, 1) verfolgt wird, findet eine befriedigende Erklärung.
Die Infamie kann deshalb nicht eintreten, weil niemand weiß,
ob der *pater* das Monogamiegesetz verletzt hat oder nicht.

Aus dem Text Ciceros kann also kein Argument für die These
von der eheauflösenden Kraft der Zweitehe entnommen werden.
Der Text bestätigt die gegenteilige Ansicht, daß die Zweitehe
nicht *ipso iure* die bestehende Ehe löst.

2. C. 9, 9, 18 : Impp. Valer. et Gall. (258) = C. 5, 43, 5 :

> Eum qui duas simul habuit uxores sine dubitatione comitatur
> infamia. in ea namque re non iuris effectus, quo cives nostri
> matrimonia contrahere plura prohibentur, sed animi destina-
> tio cogitatur. verumtamen ei, qui te ficto caelibatu, cum aliam
> matrem familias in provincia reliquisset, sollicitavit ad nup-
> tias, crimen etiam stupri, a quo tu remota es, quod uxorem
> te esse credebas, ab accusatore legitimo sollemniter inferetur [17].

Ein verheirateter Mann läßt seine Frau als *materfamilias* in seiner Wohnung zurück. Damit bringt er zum Ausdruck, daß er
an der Ehe festhalten will. Er überredet eine andere Frau zur
Heirat, ohne daß er den Willen zur ersten Ehe zurücknimmt,
eben *ficto caelibatu*.

Nach Volterra [18] kommt die zweite Ehe deswegen nicht
zustande, weil der *paterfamilias* zur zweiten Frau keine *affectio
maritalis* hat. Er will keine zweite Ehe, sondern ein außereheli-
ches Verhältnis und wird deshalb mit Recht wegen *stuprum*
bestraft. Gegen diese Interpretation können vom Text her Einwände vorgebracht werden. Aus C. 9, 9, 18 läßt sich nicht ableiten, daß der *pater* zur zweiten Frau keine *affectio maritalis* hat.
Der Text spricht von der *animi destinatio*, womit nur die *affectio
maritalis* gemeint sein kann:

a) Die *affectio* ist vorhanden, auch wenn sie keine Wirkung
erzielt. Diese Auffassung muß von den Verteidigern des Kontinuativkonsenses abgelehnt werden. Kommt nämlich die Ehe
in jedem Augenblick durch die *affectio* zustande, dann ist sie
nicht ohne Wirkung denkbar. Dies entspricht durchaus der Theorie vom Kontinuativkonsens, wird aber der Aussage des Textes
nicht gerecht, der keinen Zweifel an der Existenz der *affectio
maritalis* aufkommen läßt.

---

[17] Zur Frage der Interpolation vgl. VOLTERRA: *Studi Ratti* 425-427.
[18] *Studi Ratti* 227; ihm schließt sich DI SALVO: *Index* 2 (1971) 385, an.

b) *Der iuris effectus* ist der Grund, weshalb die *affectio* unwirksam bleibt. Unter Voraussetzung eines Kontinuativkonsenses würde die zweite Ehe die erste lösen. Wie läßt sich dann das Verbot einer zweiten Ehe erklären? Wenn die zweite Ehe die bestehende Ehe trennt, dann kann das Gesetz die Zweitehe nicht verbieten. Wird aber die Zweitehe verboten, solange die erste existiert, dann bedeutet dies: Die Scheidung der ersten Ehe muß dem Abschluß der neuen Ehe vorangehen.

Der Verfasser grenzt seine Interpretation gegen die Verfechter des Kontinuativkonsenses wie folgt ab:

Er verteidigt, daß der *pater* zur zweiten Frau die *animi destinatio* hatte, die aber unwirksam blieb, weil sie nicht die Scheidung der ersten Ehe implizierte.

Sie behaupten, daß aus dem Festhalten des *pater* an der ersten Ehe auf einen Mangel der *affectio* zur zweiten Frau zu schließen ist. Selbst wenn er *affectio* hätte, käme die Ehe nicht zustande. Wegen des monogamischen Prinzips kann keine zweite Ehe geschlossen werden, bevor die erste gelöst ist.

Auch wenn der Anfang von C. 9, 9, 18 interpoliert wäre, könnte der Verfasser seine Interpretation noch verteidigen. Sie stützt sich nämlich nicht auf die Tatsache, daß der *iuris effectus* den Abschluß einer neuen Ehe bei Festhalten an der bestehenden Ehe verbietet. Vielmehr wird die ganze Exegese getragen von der Tatsache, daß der *pater* an der ersten Ehe festhält. Er hätte durch den Abschluß einer neuen Ehe die bestehende scheiden können, aber er hat es nicht getan.

Obwohl der *pater* wegen *stuprum* bestraft wird, kann nicht gefolgert werden, daß er keine zweite Ehe, sondern ein sexuelles Verhältnis will. Die Bestrafung wegen *stuprum* hat ihren Grund in der leichten Scheidungsmöglichkeit, die die Römer veranlaßt, Bigamie nicht als eigenes Verbrechen zu bestrafen. Die Art der Bestrafung kann deshalb kein Argument dafür sein, daß der *pater* keine Zweitehe gewollt hat. Auch wenn er eine solche gewollt hätte, träfe ihn die gleiche Strafe, weil er seine bestehende Ehe nicht auflösen wollte.

3. Volterra [19] führt zur Bekräftigung seiner These von der eheauflösenden Kraft der Zweitehe auch Papinian an, dessen Text er so rekonstruiert:

D. 48, 5, 12, 12 (Pap. lib. sing. de adult.): Mulier cum absentem virum audisset vita functum esse, alii se iunxit: mox maritus reversus est: quaero quid adversus eam mulierem sta-

---

[19] *Studi Ratti* 404.

> tuendum sit. respondit tam iuris quam facti quaestionem mo-
> veri; nam si sine ullius stupri probatione, legitimis nuptiis se-
> cundis iuncta est, nihil vindicta dignum videri potest.

Mit Volterra [20] ist festzuhalten: Die Frau lebt in legitimer Zweitehe. Er erklärt dies damit, daß die Zweitehe die bestehende Ehe
ipso iure getrennt hat.

Läßt der Text auch eine andere Begründung für die Gültigkeit der Zweitehe zu?

Wie schon dargelegt, muß die Scheidung dem neuen Eheabschluß vorangehen. Da keine Scheidungsform vorgeschrieben
war, kann die Frau mit der neuen Eheschließung den Konsens
zur bestehenden Ehe widerrufen, so daß die Zweitehe ein Zeichen für die Scheidung ist. Niemand kann nämlich eine zweite
Ehe eingehen, ohne damit die erste zu scheiden, weil in Rom
das Monogamiegesetz galt. Der Wille zur neuen Ehe impliziert
den Widerruf des Konsenses zur vorhandenen Ehe.

Dies scheint auch Ulpian zu meinen, wenn er schreibt:

> D. 24, 2, 11, 2 (Ulp, 3 ad leg. Iul. et Pap.): Pronde si patro-
> nus sibi desponderit aliam vel destinaverit vel matrimonium
> alterius appetierit, credendus est nolle hanc nuptam ...

Aus der Tatsache, daß die Frau in D. 48, 5, 12, 12 keinen Ehebruch begangen hat, ist zu entnehmen, daß sie mit dem Abschluß
der zweiten Ehe die erste Ehe aufgelöst hat [21].

Die vorstehende Interpretation erhält eine Bestätigung durch

> Decl. 347: Uxor peregrinantis mariti mortem rumore cognovit.
> heres inventa nupsit adulescenti cuidam et domum in dotem
> dedit. supervenit maritus nocte, utrumque occidit. reus est
> caedis.

Declamatio

> adulteros fuisse in matrimonio constat: nemo negat. matrimo-
> nium duobus generibus solvitur, aut repudio aut morte, neque
> repudiavi et certe vivo. sed rumor de morte venit. haec statim
> nupsit alii marito. quid est hoc aliud quam improbius adulte-
> rium? (legitimum porro matrimonium, nisi soluto priore, esse
> non potest) meae igitur nuptiae manserunt, illae non fuere le-
> gitimae.

---

[20] *Studi Ratti* 401.

[21] LEVY, *Schr.* II, 55-56, entdeckt in diesem Text den Eheauflösungstat-
bestand der Verschollenheit. Ihm folgen u. a. KUNKEL: *RE* XIV, 2272-2273;
KASER, *RP* I, 2. Aufl. 325 Anm. 2. Dagegen YARON: *TR* 31 (1963) 62-68. Eine
andere Interpretation bei CASTELLO: *AUGE* 2 (1963) 292-369.

Auf das Gerücht hin, daß ihr Mann tot sei, heiratet die Frau einen jüngeren Mann. Plötzlich kommt der Ehemann nachts zurück, findet seine Frau mit dem anderen Mann zusammen und erschlägt sie beide.

Der heimkehrende Ehegatte ist kein Mörder; denn nach Quintilian hat die Frau Ehebruch begangen. Dies setzt aber voraus, daß die Zweitehe keine eheauflösende Kraft besitzt. Die erste Ehe besteht noch. Verlangt wird eine Auflösung durch Scheidung oder Tod. Der Mann lebt noch und hat sich nicht geschieden. Auch die Frau hat die Ehe nicht aufgelöst, sonst könnte sie keine Ehebrecherin sein.

Die Frau hätte mit dem Abschluß der neuen Ehe ihre erste Ehe trennen können, wenn sie dies gewollt hätte. Sie will aber an der ersten Ehe festhalten und zugleich eine neue Ehe anstreben.

IV. ZUSAMMENFASSUNG

Als Ergebnis der vorliegenden Textanalysen kann festgehalten werden:
1. Die Klassik kennt das Hindernis des bestehenden Ehebandes, d. h. die erste Ehe muß geschieden sein, bevor die Zweitehe eingegangen wird.
2. Die Zweitehe vor einer *renovatio matrimonii* kann ein Zeichen sein, daß das *divortium* ein *divortium verum* war.
3. Würde die Zweitehe die bestehende Ehe *ipso iure* lösen, dann wäre der Zweifel des Cicero nicht verständlich. Die Zweitehe kann die Scheidung implizieren, was aus der verschiedenen Qualifikation der *novae nuptiae* hervorgeht. In D. 48, 5, 12, 12 ist die neue Ehe gültig, weil mit ihrem Abschluß die bestehende geschieden wurde. In Decl. 347 wird die angestrebte Ehe als *adulterium* bestraft, weil die erste Ehe nicht aufgelöst worden war.

§ 10. Die Behandlung der Bigamie in der Klassik

Aus der These von der eheauflösenden Kraft der Zweitehe folgt notwendig, daß in der Klassik Bigamie als eigenes Verbrechen unbekannt ist und auch nicht als solches bestraft wird [22].

---

[22] Vgl. VOLTERRA, *Studi Ratti* 399; ders., *la conception* 62-63; ders.: *RIDA* 1 (1948) 277; ders., *Il matrimonio romano* 154; 202. Auf VOLTERRA berufen sich u. a. D'ERCOLE: *SDHI* 5 (1939) 46-48 und KASER, *RP* I, 2. Aufl. 315 Anm. 35.

5

Nachdem diese Behauptung widerlegt worden ist, muß die Frage nach der Behandlung der Bigamie in der Klassik neu gestellt werden.

I. IHR VORHANDENSEIN

Wie schon dargelegt, kann mit dem Abschluß einer Zweitehe die Scheidung der ersten Ehe kundgetan werden. Wenn nicht feststeht, daß die Ehe erhalten bleiben soll, nimmt der Römer an, sie werde mit der Zweitehe aufgelöst. Dies folgt aus dem monogamischen Charakter der römischen Ehe. Kann aber mit Sicherheit aus Worten oder Umständen geschlossen werden, daß jemand eine Zweitehe anstrebt, ohne die erste lösen zu wollen, dann verletzt er das monogamische Prinzip. Der Prätor verfolgt ihn mit Infamie:

> D. 3, 2, 1 (Iul. 1 ad ed.): Quive suo nomine non iussu eius in cuius potestate esset, eiusve nomine quem quamve in potestate haberet bina sponsalia binasve nuptias in eodem tempore constitutas habuerit.

Nach Volterra [23] werden hier diejenigen als *infames* hingestellt, die entweder zwei faktische Verhältnisse begründen oder aber die Gesellschaft im unklaren lassen über die rechtliche Position der Frau.

Der Text wird aber sinnvoller dahingehend interpretiert, daß hier diejenigen infam werden, die beim Bestehen eines Verlöbnisses ein anderes oder beim Bestehen einer Ehe eine andere anstreben [24].

Auch andere Texte bringen die Infamie in Beziehung zur Verletzung des monogamischen Prinzips.

So schreiben Valerianus und Gallienus

> C. 9, 9, 18 (258): Eum qui duas simul habuit uxores sine dubitatione comitatur infamia [25].

Auch bei Diokletian ist zu lesen:

> C. 5, 5, 2 (285): Neminem, qui sub dicione sit Romani nominis, binas uxores habere posse vulgo patet, cum et in edicto prae-

---

[23] *Studi Ratti* 421; *Il matrimonio romano* 202.
[24] So auch KUNKEL: *RE* XIV, 2266, GUARINO 589.
[25] VOLTERRA, *Studi Ratti* 426, betrachtet diesen Satz als interpoliert. Dagegen ROBLEDA, *El matrimonio* 143 mit Anm. 212.

toris huiusmodi viri infamia notati sint. quam rem competens
iudex inultam esse non patietur.

Volterra [26] hält den Satz *cum ... patietur* für interpoliert, weil
er wie eine Begründung zur vorausgehenden Erklärung klingt.
Der Interpolationsverdacht scheitert aber an D. 3, 2, 1. Wie dargelegt, muß dem Abschluß der Zweitehe die Scheidung der bestehenden Ehe vorausgehen, oder er muß die Scheidung implizieren. Wer eine Zweitehe anstrebt, ohne die bestehende zu lösen,
übertritt das Monogamieprinzip und wird infam.

II. IHRE BESTRAFUNG

Ob die Infamie eine Strafe darstellt oder nicht, ist hier
von geringer Bedeutung [27]. Wichtiger für unsere Überlegung ist
die Feststellung, daß das Attentat auf das Monogamiegesetz
verfolgt wird [28]. Daraus ergibt sich nämlich, daß jemand, der
an der Ehe festhalten will, zugleich eine neue Ehe wollen kann.
Würde der Wille zur neuen Ehe ohne weiteres die bestehende
Ehe lösen, dann wäre nicht verständlich, warum der Prätor den-
jenigen, der eine neue Ehe will, als infam betrachtet. Die gesetzliche Infamie hat überhaupt nur dann einen Sinn, wenn trotz
der ersten Ehe eine Zweitehe angestrebt werden kann [29]. Die
Klassik kennt also ein Anstreben der Zweitehe, die nicht verwirklicht werden kann; denn die Zweitehe ist nichtig, weil eine
solche nicht geschlossen werden darf, bevor die frühere Ehe

---

[26] *Studi Ratti* 432.
[27] SCHULZ, 112, meint: « He became infamous according to the pre-
tor's Edict which in classical times was regarded as a sufficient punishment ». Anders KASER, *RP* I, 2. Aufl. 315.
[28] § 171 STGB setzt für die Doppelehe eine eigene Strafe fest. Bestraft wird immer der Ehegatte, der vor Auflösung seiner Ehe eine neue
Ehe anstrebt. Da die Art, wie die Übertretung des Monogamiegesetzes
verfolgt wird, den Konsens nicht ändern kann, muß dem römischen Recht
der gleiche Ehebegriff zugrundeliegen wie dem deutschen Strafrecht.
[29] In diesem Rahmen stellt sich die Frage, ob die These von der eheauflösenden Kraft der Zweitehe zu vereinbaren ist mit dem principium mo-
nogamicum. Mit einer gewissen Ironie bemerkt LEVY, *Hergang* 15-16: « Ge-
wiß werden die der Bigamie allzeit abgeneigten Römer auf die heimli-
chen novae nuptiae nicht die Prämie einer die erste Ehe lösenden Kraft
gesetzt naben ». Vgl. CORBETT, 225: « We are left to the inference that the
law of a monogamous people cannot have suffered a series of marriages
each automatically cancelling its predecessor » Ders. 226 Anm. 1: « If one
marriage legally cancelled another, it is difficult to see what it was that
the praetor punished with infamy as bigamy ».

aufgelöst ist. Es läßt sich hier eine Parallele zum deutschen
Ehegesetz ziehen:

> EheG § 5: Niemand darf eine Ehe eingehen, bevor seine frü-
> here Ehe für nichtig erklärt oder aufgelöst worden ist.
> EheG § 20: Eine Ehe ist nichtig, wenn einer der Ehegatten zur
> Zeit der Eheschließung mit einem Dritten in gültiger Ehe lebt.

Die beiden §§ befassen sich mit der Bigamie und enthalten die
gleiche Regelung, die auch schon für das klassische römische
Eherecht Geltung hatte. Daraus ist zu folgern, daß auch schon
die Klassik die Bigamie kennt.

§ 11. Die Bigamie als eigenes Verbrechen in der Nachklassik

I. Ihre Einführung

Volterra [30] sieht in der Konstitution der Kaiser Honorius
und Theodosius vom Jahre 421 die erste Quelle für die Bigamie
als eigenes Verbrechen:

> C. 9, 9, 34: Si mulier repudii oblatione sine ulla legitima causa
> a se dati discesserit, ne viduitatem stupri procacitate comma-
> culet, accusationem repudiato marito iure deferimus.

Der Gelehrte argumentiert so:
Wenn die Frau keinen gesetzlichen Scheidungsgrund anführt,
darf sie nicht wieder heiraten. Deshalb kann die Zweitehe nicht
mehr *ipso iure* die frühere Ehe lösen. Heiratet die Frau trotz
des Verbots, dann erhält der *repudiatus maritus* das Recht, die
Klage zu erheben. Daraus schließt Volterra, die erste Ehe existiere noch und die Frau wolle mit der neuen Ehe eine Doppelehe anstreben, die als eigenes Verbrechen bestraft wird.

Aus C. 9, 9, 34 kann nur dann das Auftreten der Bigamie als
eigenes Verbrechen herausgelesen werden, wenn die erste Ehe
erhalten bleibt. Diese Voraussetzung ergibt sich nicht aus dem
Text. Da kein Scheidungsgrund zur Gültigkeit gefordert wird,
muß auch die grundlose Scheidung ihren Effekt erzielen, die
Auflösung der Ehe. Ist aber die Ehe gelöst, dann begründet das
Anstreben einer Zweitehe kein Bigamieverbrechen. Mit der Strafe
wird nicht das Bigamieverbrechen getroffen, sondern die Übertretung des Wiederverheiratungsverbotes. Deshalb kann C. 9,
9, 34 nicht als Quelle für die Einführung der Bigamie als eigenes
Verbrechen betrachtet werden [31].

---

[30] *Studi Ratti* 436-437; schon früher: *la conception* 60.
[31] Da der Kontinuativkonsens kein Wiederverheiratungsverbot zuläßt,

II. Zeichen einer Konsensänderung?

Kann man aus der Tatsache, daß die Nachklassik die Bigamie als eigenes Verbrechen bestraft, auf einen Wandel des Konsenses schließen? Um die Frage beantworten zu können, soll zusammengefaßt werden, was von der Klassik zur Nachklassik gleich geblieben ist und was sich geändert hat.

a) Sowohl die Klassik als auch die Nachklassik kennt das *impedimentum ligaminis*, d. h. die Scheidung muß einer neuen Ehe vorangehen. Auch in der Klassik ist keine zweite Ehe möglich ohne Scheidung der bestehenden Ehe. Da aber die Scheidung völlig formfrei ist, kann sie auch durch den Abschluß einer neuen Ehe angezeigt werden. Wer nämlich wirklich *animo monogamico* eine neue Ehe will, muß damit zugleich den Willen zur früheren Ehe widerrufen.

b) Die Nachklassik fordert bestimmte Scheidungsgründe. Eine grundlose Scheidung zieht für einen kurzen Zeitabschnitt die Unfähigkeit zu einer neuen Ehe nach sich. Es ist deshalb nicht mehr möglich, grundlos die frühere Ehe durch den Abschluß einer neuen Ehe zu scheiden. Da aber immer noch keine zur Gültigkeit der Scheidung notwendige Form verlangt wird, kann jeder, der einen gesetzlichen Grund anführt, weiterhin die Scheidung seiner ersten Ehe durch den Abschluß einer neuen kundtun.

c) Diese Möglichkeit ist erst mit der Einführung einer zur Gültigkeit der Scheidung notwendigen Scheidungsform nicht mehr gegeben; denn jetzt muß die Form beachtet werden, ganz gleich, ob die Ehe mit oder ohne Grund geschieden wird.

Zusammenfassend kann festgehalten werden:

In der Klassik ist eine Zweitehe immer möglich, weil sie die Scheidung der früheren Ehe implizieren kann. In der Nachklassik ist dies bis 449 noch möglich, wenn ein gesetzlicher Scheidungsgrund angegeben wird. Ab 449 muß jeder Zweitehe eine formale Scheidung durch die *missio repudii* vorausgehen. Da aber die Zweitehe immer die Auflösung der ersten Ehe voraussetzt, ist Bigamie in Klassik und Nachklassik möglich, auch wenn sie in der Klassik nicht wie in der Nachklassik bestraft wird.

Wer die Bigamie in der Klassik wegen der leichten Scheidungsmöglichkeit ablehnt, verkennt, daß Bigamie nicht im Hin-

---

muß die Ehe der Frau, die sich grundlos scheidet, durch einen Initialkonsens zustandekommen. Volterra ist insoweit beizupflichten.

blick auf die Scheidungsfreiheit konstituiert wird, sondern im
Hinblick auf die Notwendigkeit, die bestehende Ehe zu lösen,
bevor eine neue eingegangen wird [32].

Aus den angeführten Gründen kann aus der Einführung der
Bigamie als eigenes Verbrechen nicht auf eine Konsensänderung
in der Nachklassik geschlossen werden.

---

[32] Während der Vorbereitung der Drucklegung veröffentlichte Volterra
eine umfangreiche Stellungnahme: BIDR 78 = S. 3. 17 (1975) 245-270, zu
Robledas Monographie (El matrimonio). Volterra führt für seine These
von der eheauflösenden Kraft der Zweitehe das divortium der Messalina
an. Der Verfasser hat erhebliche Bedenken, ob hier überhaupt ein wahres
divortium vorliegt. Auch wenn dies der Fall wäre, dann wäre noch nicht
der Beweis erbracht, daß die Zweitehe die erste Ehe löst. Es wäre auch
denkbar, daß Messalina mit ihrem Willen zur Ehe mit Silius den Willen
zur Auflösung der Ehe mit Claudius bekundete.

Nach Ansicht des Verfassers können die Ausführungen von Volterra
auch die anderen Ergebnisse von Robleda nicht erschüttern; denn Volterra argumentiert auf der Basis eines Ehebegriffes, der nicht mehr als
unangefochten gelten kann.

3. Kapitel: Die impedimenta

Im Rahmen der vorliegenden Untersuchung können die *impedimenta* nicht unberücksichtigt bleiben. Darunter werden die einer Person anhaftenden Umstände verstanden, um derentwillen keine gültige Ehe zustandekommen kann.

Zunächst ist der Sinngehalt von *impedimentum* zu erschließen. Dann ist zu prüfen, ob die *impedimenta* in Klassik und Nachklassik der gleichen Gesetzgebung unterstehen.

§ 12. Der Sinngehalt von impedimentum

I. Auseinandersetzung mit Volterra

Nach Volterra[1] ist den Klassikern der Begriff des *impedimentum* im technischen Sinne unbekannt. Er begründet dies so: Die römische Ehe ruhe auf drei Elementen: *conubium, pubertas, consensus.* Fehle eines davon, dann existiere die Ehe nicht.

Für die Klassiker sei ein *impedimentum,* das sich einer Ehefähigkeit entgegenstellt, undenkbar. Bei ihnen hätten *impedimentum* und *impedire* einen ganz anderen Sinn: Fehlen eines Wesenselementes[2].

Volterra kann sich bei seinen Überlegungen auf Ulp. 5, 2 berufen:

> Iustum matrimonium est, si inter eos qui nuptias contrahunt conubium sit, et tam masculus pubes quam femina potens sit, et utrique consentiant, si sui iuris sunt, aut etiam parentes eorum, si in potestate sunt.

---

[1] *Studi Scherillo* II, 441-470. So auch Biondi, *Ist.* 4. Aufl. (1965) 580.

[2] *Studi Scherillo* II, 450: « L'unione coniugale di un uomo e di una donna è giuridicamente qualificata iustum matrimonium e spiega effetti giuridici se vi sono i tre requisiti che abbiamo elencato: altrimenti non esiste giuridicamente ed è priva di effetti. L'idea dell'impedimento, cioè di un ostacolo all'esplicazione di una generale capacità matrimoniale è ignota ai giuristi classici. Il sostantivo impedimentum e il verbo impediri è da essi usata in tutt'altro significato ».

Der Text beschreibt die Voraussetzungen der römischen Ehe. Es drängt sich die Frage auf, ob sie alle wesentlich sind. Sicher ist, daß sämtliche notwendig sind. Notwendig ist aber kein Synonym für wesentlich. Erst wenn feststeht, daß die drei Elemente wesentlich sind, darf Volterra uneingeschränkte Zustimmung erwarten. Dann hieße *impedimentum*: Es fehlt ein Wesenselement, was gleichbedeutend ist mit der Nichtexistenz der Ehe (= *matrimonium inexsistens*).

Im folgenden sollen nun einige Argumente Volterras geprüft werden:

a) Zunächst stellt der Gelehrte fest, daß die Quellen « in relazione alla nozione che i romani avevano del matrimonio »[3] interpretiert werden müssen. Ausgangspunkt ist also der als erwiesen angenommene Kontinuativkonsens. Wer ihn verteidigt, muß die in den Quellen beschriebene Nichtigkeit der Ehe als Nichtexistenz verstehen. Kommt nämlich die Ehe durch einen Dauerkonsens zustande, dann ist sie ein Faktum.

Dieses existiert oder existiert nicht, von einem *matrimonium nullum* kann hier nicht die Rede sein.

Der Verfasser würde Volterra uneingeschränkt beipflichten, wenn der Ausgangspunkt, die kontinuative Konsensstruktur, überzeugend nachgewiesen wäre. Dies ist nach Ansicht des Verfassers nicht der Fall. Deswegen dürfen auch die Quellen, die von einer nichtigen Ehe sprechen, nicht auf der sicheren, nicht mehr beweisbedürftigen Basis des Kontinuativkonsenses im Sinne einer nicht existenten Ehe analysiert werden.

Vom Begriff der römischen Ehe aus läßt sich der Sinngehalt von *impedimentum* nicht definieren. Nicht die Quellen sind in Übereinstimmung mit dem Begriff der Ehe zu interpretieren, sondern der Begriff der Ehe ist aus den Quellen zu erheben. Folglich muß auch das *impedimentum* nicht von vornherein die Nichtexistenz bedingen.

b) Volterra[4] bekräftig seine These mit dem Fehlen einer bestimmten Eheschließungsform. Er argumentiert so: Wenn der Konsens in der vorgeschriebenen Form bekundet werden muß, kann man fragen, ob im Augenblick der Konsensabgabe der Formalakt erfüllt worden ist. Erst in diesem Zusammenhang erhebe sich die Frage nach der Nichtigkeit (nullità) der Ehe. Werden zur Begründung der Ehe bestimmte Erfordernisse verlangt, könne man nicht von Nichtigkeit (nullità) sprechen; denn

[3] *Studi Scherillo* II, 442; 455; 460; 462; 463.
[4] *Studi Scherillo* II, 445-447.

bei Fehlen eines Wesenselementes sei die Ehe nicht existent. Der Gedanke, daß erst die Eheschließungsform die Frage nach der Nichtigkeit (nullità) ermöglicht, ist nicht leicht nachzuvollziehen. Da die Form kein Wesenselement, sondern ein Manifestationselement bildet, kann auch die Vorschrift einer bestimmten Form die Struktur des Konsenses nicht ändern. Mit anderen Worten: Ob der Konsens in jeder von der Gesellschaft als Eheschließung anerkannten Form geäußert werden kann oder in einer vom Gesetz angeordneten Form manifestiert werden muß, ist für die Struktur des Konsenses unerheblich[5]. Immer muß gefragt werden, ob der Konsens gesetzt ist. Ist dies nicht der Fall, dann ist die Ehe selbst bei Einhaltung der Form nicht existent. Die *pubertas* und das *conubium* bedingen nur dann die Nichtexistenz, wenn sie Wesenselemente wären. Wie aber noch zu zeigen ist, sind sie zur Konstitution der Ehe notwendig, aber nicht wesentlich, so daß ihr Fehlen keine Nichtexistenz verursacht.

Die Frage der Nichtigkeit (nullità) läßt sich demnach nicht mit der Eheschließungsform lösen; denn die Form bildet nicht das einzige *impedimentum* im technischen Sinne.

c) Volterra[6] zitiert auch

> Gai. 1, 59: Inter eas enim personas quae parentum liberorumve locum inter se obtinent, nuptiae contrahi non possunt, nec inter eas conubium est ...

Volterra ist beizupflichten, wenn er das Heiratsverbot mit dem Mangel des *conubium* begründet. Es ist ihm auch beizustimmen, wenn er die *nefariae et incestae nuptiae* als nicht existierende *nuptiae* betrachtet. Kann aber daraus geschlossen werden, daß der Mangel des *conubium* in jedem Fall die Nichtexistenz der Ehe bedingt? Wie schon gezeigt wurde, ist ein solcher Schluß nicht berechtigt. Demnach gibt es ein *conubium*, dessen Fehlen ein *matrimonium inexsistens* verursacht, und ein *conubium*, dessen Fehlen ein *matrimonium nullum* herbeiführt. Im ersten Fall

---

[5] Vgl. C. 5, 4, 22: Theod. et Valent. (428): *Si donationum ante nuptias vel dotis instrumenta defuerunt, pompa etiam aliaque nuptiarum celebritas omittatur, nullus aestimet ob id deesse recte alias inito matrimonio firmitatem vel ex eo natis liberis iura posse legitimorum auferri, inter pares honestate personas nulla lege impediente consortium, quod ipsorum consensu atque amicorum fide firmatur.* Die Form wird also nur für die Ehe *inter personas disparis honestatis* verlangt. Vgl. dazu ROBLEDA, *El matrimonio* 95-98; auch KASER, *RP* II, 116-117.

[6] *Studi Scherillo* II, 448.

handelt es sich um ein *conubium* des *ius naturale*, im zweiten Fall geht es um das *conubium* des *ius positivum* [7]. Das *conubium* des *ius naturale* ist ein Wesenserfordernis beim Zustandekommen der Ehe, das *conubium* des positiven Rechts ist ein notwendiges Erfordernis, dessen Mangel keineswegs die Nichtexistenz der Ehe verursacht. Dabei ist zu bedenken, daß man aus der Terminologie allein nicht auf die jeweilige Natur des *conubium* schließen kann. Die Natur des *conubium* ist daran zu erkennen, ob die wegen Fehlen des *conubium* nichtige Ehe saniert werden kann oder nicht [8]. Ist eine Heilung der Ehe möglich, dann fehlt das *conubium* des positiven Rechts. Demnach liegt ein *impedimentum* im technischen Sinne vor.

d) Auch der Rückgriff auf die Terminologie führt nicht weiter [9]. Die Ausdrucksweise *matrimonium nullum, illicitum, iniustum, contra legem, contra senatus consultum* usw. beinhaltet nur, daß keine Ehe vorhanden ist. Über den Sinn der Nichtigkeit kann die Terminologie keine Auskunft geben. Ob die Ehe unwirksam oder nicht existent ist, läßt sich nur im Hinblick auf eine mögliche Heilung erkennen. Wird die Ehe nach Wegfall des Hindernisses ohne erneute Konsensleistung gültig, dann kann es sich nur um eine unwirksame Ehe handeln; denn was nicht existiert, kann nicht saniert werden.

Da die Ehe *contra senatusconsultum* und die Ehe *contra mandata* nach Wegfall des *impedimentum* ohne weiteres *iustae nuptiae* werden, ist zu folgern, daß *impedimentum* in D. 24, 1, 3, 1 die einfache Nichtigkeit verursacht. Demnach kennt auch die Klassik das *impedimentum* im technischen Sinne. Es ist nicht einzusehen, warum das *impedimentum* in der Klassik die Nichtexistenz, in der Nachklassik die Nichtigkeit der Ehe bedingen soll. Aus dem *ne sit omnino matrimonium* und dem *quia nuptiae non sunt*, läßt sich kein verschiedener Begriffsgehalt für *impedimentum* in beiden Zeitabschnitten annehmen [10].

---

[7] Dies ergibt sich aus Gai. 1, 57, wo von der Verleihung des *conubium* an ausgediente Soldaten (*veterani*) die Rede ist. Vgl. ROBLEDA, *Studi Donatuti* III, 1153-1154. Zur Natur des *conubium* vgl. VOLTERRA: *Studi Albertario* II, 345-385.

[8] Wegen des fehlenden *conubium* des *ius naturale* kann in D. 23, 2, 57 a die Ehe der Eltern, die im Rechtsirrtum ihre Ehe als gültig ansehen, nicht saniert werden. Die *divi fratres* haben die Kinder als ehelich befunden.

[9] So VOLTERRA, *Studi Scherillo* II, 451-464.

[10] Es scheint, daß VOLTERRA bei der Interpretation von D. 24, 1, 3, 1 zuwenig die Ehe *contra mores* von der Ehe *contra leges* unterscheidet.

e) Volterra [11] führt auch die Oratio divi Marci (D. 23, 2, 16) und die lex Papia (Ulp. 16, 2) an. Sicher ist die Ehe der Senatorentochter mit dem *libertinus* und die Ehe des Senators mit der *liberta* nichtig. Ist sie nicht existent? Anders gefragt: Ist das *conubium* ein Wesenselement?

Nach D. 23, 2, 31 kann der Princeps dem Senator die Ehe mit der *libertina* erlauben. Demnach ist vom Erfordernis des *conubium* Dispens möglich [12]. Da aber vom Wesenserfordernis nicht dispensiert werden kann, ist das *conubium* kein « requisito essenziale » [13], sondern ein Erfordernis des positiven Rechts, also ein Hindernis im technischen Sinne.

f) Auch D. 23, 2, 65, 1 wird herangezogen. Volterra [14] interpretiert den Text folgendermaßen: Die Ehe des Provinzialoffiziers ist während seiner Amtszeit wegen Mangel des *conubium* nicht existent. Erst nach Niederlegung des Amtes kann er ein *iustum matrimonium* begründen.

Wird damit der Text richtig ausgelegt? Sicher ist, daß vom Beamten kein neuer Konsens gefordert wird. Der einmal geleistete und nicht zurückgenommene Konsens muß demnach noch vorhanden sein. Es wird behauptet: *iustas nuptias effici.* Damit wird nicht gesagt, daß die Ehe neu geschaffen wird, sondern daß aus den *iniustae nuptiae* die *iustae nuptiae* werden. Die Tatsache, daß zur Gültigmachung der ungültigen Ehe eine Konsenshaltung genügt, verbietet es, die Ehe als nicht existierend zu betrachten. Folglich kann auch das *conubium* kein Wesenselement sein; denn sein Fehlen bedingt kein *matrimonium inexsistens.*

g) Volterra [15] beruft sich auch auf D. 49, 15, 12, 4, wo ge-

---

[11] *Studi Scherillo* II, 453.

[12] VOLTERRA schreibt, *Studi Scherillo* II, 460: « Come l'imperatore poteva *conubium* tollere, con la conseguenza che l'unione coniugale fra quelle persone era giuridicamente inesistente, così poteva alle stesse concederlo con la conseguenza di permettere loro di dar vita ad un *iustum matrimonium* ». Kann der Princeps so mit einem Wesenselement umgehen? Kann er etwas, was zur Essenz der Ehe gehören soll, dem einen geben, dem anderen nehmen? Die Verfügbarkeit über das *conubium* weist dieses eindeutig als positiv-rechtliches Element aus; denn ein Wesenselement liegt nicht in der Verfügung des einzelnen.

[13] So VOLTERRA, *Studi Scherillo* II, 453. Der gleiche Autor, 456, spricht von einem « requisito indispensabile ».

[14] *Studi Scherillo* II, 457: « Dopo che il magistrato della provincia era cessato dalla sua carica poteva costituire un *iustum matrimonium* con la donna provinciale ... ».

[15] *Studi Scherillo* II, 453-454.

sagt wird, daß die Ehe während der Gefangenschaft eines oder auch beider Partner nichtig ist. Ist sie nicht existent? Unter Voraussetzung eines Kontinuativkonsenses ist die Frage zu bejahen. Diese Konsensstruktur läßt sich aber aus dem angeführten Text nicht beweisen. Wird jedoch ein Initialkonsens verteidigt, dann spricht der Text nicht gegen die Behauptung eines *matrimonium nullum.* Es liegen zwar keine diesbezüglichen Quellen vor. Da aber die *servitus* vom positiven Recht geordnet wird, ist denkbar, daß die Ehe nach Rückkehr aus der Gefangenschaft ohne weiteres saniert wird. Dem steht auch D. 49, 15, 14, 1, nicht entgegen. Die Tatsache, daß ein neuer Konsens verlangt wird, indiziert nicht, daß die Ehe nicht existiert. Die Forderung eines neuen Konsenses beruht auf positiv-rechtlicher Vorschrift. Es wird nicht behauptet, daß der einmal geleistete und nicht widerrufene Konsens nicht genügen könnte, um die Ehe gültig zu machen. De facto genügt die perseverierende Konsenshaltung nicht zur Konvalidation der Ehe, weil das Gesetz eine Konsenserneuerung vorschreibt. Von der Sache her würde zu ihrer Gültigmachung ein noch fortdauernder Konsens ausreichen. Dies aber bedeutet, daß das Prinzip: *cum servis nullum est conubium,* wohl die Nichtigkeit der Ehe, nicht aber ihre Nichtexistenz begründet, d. h. auch hier handelt es sich um ein *impedimentum* im technischen Sinne [16].

h) C. 5, 4, 28 pr. bildet für Volterra [17] ein weiteres Argument:

> Si libertam quis uxorem habeat, deinde inter senatores scribatur dignitate illustratus, an solvatur matrimonium, apud Ulpianum quaerebatur, quia lex Papia inter senatores et libertas stare conubia non patitur.

Nach Volterra soll sich der Ausdruck *stare conubia non patitur* in einem von Justinian überlieferten uns unbekannten ulpianischen Text gefunden haben. Die Klassiker betrachteten die Ehe als gelöst, weil das *conubium* nicht mehr vorhanden ist.

Dagegen steht das an *solvatur matrimonium.* Wenn die Ehe wegen Fehlens des *conubium* getrennt wird, dann ist die Frage überflüssig. Im Kontext aber bildet gerade sie den Bezugspunkt; denn Ulpian fragt ja, ob die Ehe gelöst wird, wenn der mit einer *liberta* verheiratete Mann Senator wird. Die Frage weist darauf hin, daß das *conubium* kein Wesenselement ist, sondern ein einfaches Hindernis.

---

[16] Vgl. dazu ROBLEDA: *Studi Donatuti* III, 1152; vgl. auch § 17 der Arbeit.
[17] *Studi Scherillo* II, 455.

i) Auch Coll. 4, 5 ist für Volterra [18] von Interesse:

Civis Romanus, qui civem Romanam sine conubio sive pere-
grinam in matrimonio habuit, iure quidem mariti eam adulte-
ram non postulat.

Der Tatbestand ist klar: Ein römischer Bürger heiratet eine
römische Bürgerin, die kein *conubium* hat, oder eine *peregrina*.
Nach Volterra ist eine solche Ehe nicht existent.

Kann man dies aus der Verweigerung der *accusatio iure
mariti* ableiten?

Aus Gai. 1, 65 ergibt sich eindeutig eine negative Antwort:
Ein römischer Bürger heiratet eine Frau, die er aus Unwissen-
heit für eine römische Bürgerin hält. Der aus der Ehe stammen-
de Sohn ist nicht in der Gewalt des Vaters; denn die Ehe ist
wegen Mangel des *conubium* nichtig. Ist sie nicht existent?

Keineswegs! Nach Aufweis der *causa erroris* wird das *vitium
matrimonii* beseitigt, d. h. die Ehe wird geheilt. Dies geschieht
nicht dadurch, daß die Ehe jetzt geschlossen wird. Sie ist ja
schon geschlossen (*uxorem duxerit, matrimonium contractum
sit*). Die Heilung geschieht dadurch, daß aus dem *iniustum matrimonium* ein *iustum matrimonium* wird [19]. Da keine erneute
Konsensabgabe gefordert wird, kann die Ehe kein *matrimonium
inexsistens* sein. Daraus folgt: Das *conubium* gehört nicht zu
den Wesenselementen, sondern es bildet ein einfaches Hindernis.

II. ERGEBNIS

Aus dem bisher Gesagten schält sich folgendes Ergebnis heraus: Schon die Klassiker kennen das *impedimentum* im technischen Sinne. *Impedimentum* beinhaltet dort nicht das Fehlen
eines Wesenserfordernisses, was gleichbedeutend ist mit Nichtexistenz der Ehe. *Impedimentum* ist ein Umstand, der vom positiven Recht zur Gültigkeit der Ehe verlangt wird. Er berührt
nicht die Ursache (Konsens) der Ehe, sondern den Effekt des
Konsenses. Der Konsens ist gesetzt, aber er kann wegen des
entgegenstehenden Hindernisses seine Wirksamkeit nicht entfal-
ten. Entfällt es oder wird davon dispensiert, dann wird die Ehe
ohne erneute Konsensabgabe gültig, was ohne Existenz des Konsenses nicht möglich wäre. Dem widerspricht nicht D. 49, 15, 14, 1,

---

[18] *Studi Scherillo* II, 466.
[19] Vgl. auch Gai. 1. 75. Dazu ROBLEDA: *Studi Donatuti* III, 1151-1152.

wie dargelegt wurde. Dispens und Sanation verweisen die *impedimenta* in die Reihe der vom Recht aufgestellten Erfordernisse.

§ 13. Die Gesetzgebung

I. DIE KLASSIK

Zwei *impedimenta* werden hier betrachtet: *ordo senatorius* und *matrimonium contra mandata*. Diese Hindernisse werden deshalb ausgewählt, weil sich die klassischen Quellen wiederholt mit ihnen beschäftigen.

A. *ordo senatorius*

Dem Senator ist die Ehe mit einer *libertina* verboten:

> D. 23, 2, 44, 1 (Paul. 1 ad leg. Iul. et Pap.) Hoc capite prohibetur senator libertinam ducere.

Übertritt der Senator dieses Verbot, dann ist die Ehe nichtig. Dies geht aus D. 23, 2, 27 hervor. Dort heißt es: *quamvis interim uxor non sit*. Die Ehe wird aber gültig, sobald die Amtszeit des Senators beendet ist: *attamen in ea condicione est, ut, si amiserit dignitatem, uxor esse incipiat* [20].

B. *matrimonium contra mandata*

Der Beamte kann in der Provinz, in der er sein Amt ausübt, nur eine solche Frau ehelichen, die weder aus der Provinz stammt, noch darin ihren Wohnsitz hat. So schreibt Paulus

> D. 23, 2, 38 pr. (2 sent.): Si quis officium in aliqua provincia administrat, inde oriundam vel ibi domicilium habentem uxorem ducere non potest [21].

---

[20] Vgl. GAUDEMET: *RIDA* 2 (1939) 318 = *Mél. De Visscher* I, 318.

[21] Vgl. auch D. 24, 1, 3, 1: Ulp. Das Hindernis bezieht sich nicht nur auf den Beamten selbst, sondern auf seine Söhne: D. 23, 2, 57: Marci.: *Qui in provincia officium aliquid gerit, prohibetur etiam consentire filio suo uxorem ducenti.* Nicht berührt wird die Heirat der Töchter: D. 23, 2, 38, 2: Paul.: *Qui in provincia aliquid administrat, in ea provincia filias suas in matrimonium collocare et dotem constituere non prohibetur.* Dem Beamten wird nicht schlechthin die Eheschließung verboten. Er kann eine Frau aus einer anderen Provinz ehelichen. Er kann auch die Frau heiraten, mit der er vor Beginn der Amtsausübung verlobt war: D. 23,

Verletzt der Beamte dieses Verbot, ist seine Ehe nichtig:

D. 23, 2, 63 (Pap. 1 def.): Praefectus cohortis vel equitum aut tribunus contra interdictum eius provinciae duxit uxorem, in qua officium gerebat: matrimonium non erit [22].

Nach Ablauf seiner Amtszeit wird seine Ehe gültig:

D. 23, 2, 65, 1 (Paul. 7 resp.): ... tamen post depositum officium, si in eadem voluntate perseverat, iustas nuptias effici: et ideo postea liberos natos ex iusto matrimonio legitimos esse [23].

Für die Eheschließung des Provinzialbeamten gelten bestimmte *mandata*. Eine Ehe *contra mandata* ist nichtig, wird aber nach Niederlegung des Amtes ohne weiteres gültig.

II. DIE NACHKLASSIK

Auch in den nachklassischen Quellen werden die zwei *impedimenta* behandelt.

2, 38, 1: Paul.: *Veterem sponsam in provincia, qua quis administrat, uxorem ducere potest et dos data non fit caduca.* Auch den Soldaten wird die Eheschließung nicht verboten: D. 23, 2, 65 pr. Paul.: *Eos, qui in patria sua militant, non videri contra mandata ex eadem provincia uxorem ducere idque etiam quibusdam mandatis contineri.* In bezug auf das *impedimentum* sind noch zwei Fragen ungeklärt. Die eine bezieht sich auf die Entstehungszeit, die andere betrifft das Motiv der Einführung. Einigung scheint in der Forschung darüber zu bestehen, daß die Kaiser und nicht die *interpretatio iurisprudentium* das Hindernis aufstellten. Dazu vgl. DELL'ORO, *Studi Biondi* II, 523-540. Zu den verschiedenen Ansichten über die Motive der Einführung des Hindernisses vgl. ROBLEDA, *El matrimonio* 203-204. Der Verfasser schließt sich mit ROBLEDA der Meinung ORESTANOS an: *Studi Bonolis* I 22, der schreibt: « Il divieto tendeva in primo luogo ad impedire che il matrimonio con donna della provincia togliesse al magistrato o funzionario quella libertà di giudizio e di azione e quella indipendenza dagli interessi locali, che dovevano garantire un regolare svolgimento della funzione amministrativa loro affidata ».

[22] Dazu vor allem DELL'ORO, *Studi Biondi* II, 523-540; auch ORESTANO, *Studi Bonolis* I, 9-58.

[23] Vgl. auch C. 5, 4, 6. Da *post depositum officium* die Ehe ein *iustum matrimonium* wird, ist zu folgern, daß sie während der Amtszeit ein *iniustum matrimonium* war. *Iustum matrimonium* besagt *matrimonium validum*, *iniustum matrimonium* beinhaltet *matrimonium invalidum*. Deshalb sind die Kinder *ex iusto matrimonio* legitim, weil sie einem *matrimonium validum* entstammen.

A. ordo senatorius

Die für die Klassik aufgewiesene Gesetzgebung ist in Geltung bis Justinian. Der Senator kann keine *libertina* heiraten. Heiratet er sie trotzdem, dann ist seine Ehe nichtig. Rückt ein mit einer *libertina* verheirateter Mann in den Senatorenstand auf, streiten sich die Juristen, ob seine Ehe aufgelöst werden soll:

> C. 5, 4, 28 pr. (531): Si libertam quis uxorem habeat, deinde inter senatores scribatur dignitate illustratus, an solvatur matrimonium, apud Ulpianum quaerebatur ...

Was geschieht nach Niederlegung des Amtes? Der Text gibt keine Auskunft. Wenn aber, wie aus D. 23, 2, 27 hervorgeht, die Ehe schon in der Klassik ohne weiteres gültig wird, dann darf man dies *a fortiori* für die Nachklassik annehmen.

B. matrimonium contra mandata.

Die Eheverbote für die Provinzialbeamten mit Angehörigen ihrer Provinz bestehen fort[24]. Es existiert also die gleiche Regelung wie in der Klassik.
Abschließend ist festzustellen:
Die *impedimenta* unterstehen in der Klassik und Nachklassik der gleichen Gesetzgebung. Für die Nachklassik ist die Initialstruktur des Konsenses erwiesen. In diesem Zeitabschnitt bringt der Konsens ein Band hervor, das unabhängig von ihm weiterlebt. Steht der Wirksamkeit des Konsenses ein Hindernis entgegen, dann erzielt er keine Wirkung. Wird das Hindernis weggeräumt, dann entfaltet der einmal geleistete und nicht positiv zurückgenommene Konsens seine Virtualität und schafft die Ehe.
Wegen der für Klassik und Nachklassik gleichen Gesetzgebung muß in beiden Epochen der gleiche Ehebegriff und damit die gleiche Konsensstruktur Geltung haben.
Es ist nicht einzusehen, wie der Kontinuativ- und der Initialkonsens durch die gleichen Gesetze geregelt werden können, zumal immer wieder betont wird, daß die auf dem Kontinuativkonsens gründende Ehe kein Rechtsverhältnis ist.

---

[24] Vgl. dazu KASER, *RP* II, 112.

4. KAPITEL: DIE CAPTIVITAS UND DAS POSTLIMINIUM

Die Quellen berichten übereinstimmend, daß die römische Ehe infolge der *captivitas* eines oder auch beider Gatten gelöst und durch das *postliminium* nicht wiederhergestellt wird. Wollen die Partner nach der Gefangenschaft die Ehe fortsetzen, dann müssen sie diese durch einen Konsens neu begründen, als ob sie noch nicht verheiratet gewesen wären.

D. 24, 2, 1 zählt einige Eheauflösungstatbestände auf, unter denen sich auch die *captivitas* befindet.

Aus D. 49, 15, 12, 4 ist nicht ersichtlich, ob sich die Frau des Gefangenen in der Freiheit oder in der Gefangenschaft befindet. Mag das eine oder das andere zutreffen, immer gilt: *tamen non est in matrimonio*.

Nach D. 49, 15, 25 ist der in der Gefangenschaft geborene Knabe, der zusammen mit der Mutter heimkehrt, ein *spurius*, d. h. er ist nicht *ex matrimonio* geboren. Daraus ist zu ersehen, daß die Ehe gelöst ist.

D. 49, 15, 14, 1 verlangt für die Wiederherstellung der Ehe nach der Gefangenschaft einen neuen Konsens. Eine solche Forderung wäre unverständlich, wenn die Ehe nicht während der Gefangenschaft aufgelöst würde.

In Nov. 22, 7 ändert Justinian das Recht. Die Ehe bleibt auch während der Gefangenschaft bestehen. Dies weist darauf hin, daß sie vor Erlaß dieser Novelle getrennt wurde.

§ 14. Die Diskussion um den Grund der Eheauflösung

Auf Grund des Quellenbefundes sind sich die Lehrer des römischen Rechts darüber einig, daß die Gefangenschaft die Ehe löst.

Alle erklären dies damit, daß die Ehe wie der Besitz ein faktisches Verhältnis darstellt. Da aber das « Faktische » von den Rechtsgelehrten verschieden begründet wird, vertreten sie auch unterschiedliche Auffassungen über die Ehetrennung.

6

Im Laufe der Auseinandersetzung haben sich zwei Haupt-richtungen herausgebildet. Die eine Richtung sieht das Faktische der Ehe darin, daß sie auf zwei Elementen ruht. Da während der Gefangenschaft das materielle Element fehlt, wird die Ehe aufgelöst[1].

Eine Auseinandersetzung mit dieser Richtung erübrigt sich, weil schon dargelegt wurde, daß ein materielles Element nie als Wesenselement für das Zustandekommen der Ehe gefordert wird.

Deshalb interessiert hier vor allem die andere Richtung. Sie erblickt das Faktische der Ehe darin, daß sie in ihrem Bestand vom Kontinuativkonsens abhängt. Weil der Gefangene keinen gültigen Konsens mehr abgeben kann, zerfällt die Ehe[2].

Kennzeichnend für diese Auffassung ist, daß sie die Ehe-trennung nicht mit dem Prinzip: *Cum servis nullum est conu-bium,* sondern mit der Konsensstruktur begründet.

Damit wird zugleich eine Erklärung für die Nichtanwendung des *postliminium* gefunden; denn der Kontinuativkonsens bringt nichts hervor, was unabhängig von ihm existiert und dem Heim-kehrer wieder zuerkannt werden kann[3].

Gerade für die Nichtanwendung des *postliminium* findet sich in der Fachliteratur immer wieder der Hinweis auf den besitzähnlichen Charakter der Ehe[4].

Wer aber die Quellen daraufhin untersucht, findet keinen einzigen Vergleich zwischen Ehe und Besitz. Er entdeckt auch keinen Text, in dem die Auflösung der Ehe damit begründet wird, daß sie wie der Besitz ein Faktum darstellt.

Für die Unterbrechung der *usucapio* aber gibt Tryphoninus als Grund deren faktische Natur an:

> D. 49, 15, 12, 2 (Tryph. 4 disp.): Facti autem causae infectae nulla constitutione fieri possunt. ideo eorum, quae usucapie-bat per semetipsum possidens qui postea captus est, interrum-pitur usucapio, quia certum est eum possidere desisse.

---

[1] Vgl. BONFANTE 328-331; ALBERTARIO, *Studi* I, 237-238; D'ERCOLE: *SDHI* 5 (1939) 34; LONGO (G): *DE* 45, I (1954) 150-151 = *Ricerche* 323-325.

[2] Vgl. besonders VOLTERRA, *La conception* 44; 64; ders., *Il matrimonio romano* 323-324; noch deutlicher ORESTANO, *Struttura* I, 283.

[3] Über den Zusammenhang von Nichtanwendung des *postliminium* und Kontinuativkonsens vgl. ORESTANO, *Struttura* I, 291-292.

[4] Vgl. BONFANTE 328; KUNKEL: *RE* XIV, 2273; ALBERTARIO, *Studi* I, 213; ders.: *SDHI* 6 (1940) 383-387; D'ERCOLE: *SDHI* 5 (1939) 34 mit Berufung auf BONFANTE; VOLTERRA, *La conception* 44; ders., *Il matrimonio romano* 323-324; FERRINI, *Manuale,* 4. Aufl. (1953) 683; BONET: *AHDE* 25 (1955) 567-581; BIONDI, *Ist.* 4. Aufl. (1965) 574; ARANGIO-RUIZ, *Ist.* 14. Aufl. (1966) 438.

Kein Text erklärt die Nichtanwendung des *postliminium* auf die Ehe damit, daß sie ein Faktum sei. Auffallenderweise aber sind für den Besitz solche Texte vorhanden:

D. 41, 2, 23, 1 (Iav. 1 epist.) In his, qui in hostium potestatem pervenerunt, in retinendo iura rerum suarum singulare ius est: corporaliter tamen possessionem amittunt: neque enim possunt videri aliquid possidere, cum ipsi ab alio possideantur: sequitur ergo, ut reversis his nova possessione opus sit, etiamsi nemo medio tempore res eorum possederit.

D. 4, 6, 19 (Pap. 3 quaest.): « Denique » si emptor, priusquam « per usum sibi adquireret », ab hostibus captus sit, placet interruptam possessionem postliminio non restitui, quia haec sine possessione non constitit, possessio autem plurimum facti habet: causa vero facti non continetur postliminio.

Das Fehlen derartiger Texte in bezug auf die Ehe führt zu den Fragen: Setzt das *dirimitur matrimonium captivitate* einen Kontinuativkonsens voraus? Kann die Nichtanwendung des *postliminium* nur mit dem Hinweis auf den Kontinuativkonsens erklärt werden?

§ 15. Exegese klassischer Texte

Es sollen hier einige Texte interpretiert werden, die sich alle auf die Eheauflösung infolge der *captivitas* und auf die Nichtanwendung des *postliminium* beziehen. Kann man aus den Quellen herauslesen, daß der Grund für beide Fakten in der kontinuativen Struktur des Konsenses zu finden ist?

I. ZUR EHEAUFLÖSUNG

Paulus bietet uns den grundlegenden Text

D. 24, 2, 1 (35 ad ed.): Dirimitur matrimonium divortio morte captivitate vel alia contingente servitute utrius eorum [5].

Zunächst fällt auf, daß der Text nichts über das Aufhören des Konsenses aussagt. Schlicht und einfach wird festgestellt: *dirimitur matrimonium*. Das *dirimitur* kann nicht im Sinne von « aufhören » verstanden werden. Dafür gebrauchen die Quellen

---

[5] Zur Textkritik vgl. KRELLER; *JurBl* 70 (1948) 284 Anm. 3. Alle Veränderungen des Textes haben für das vorliegende Problem keine Bedeutung.

desinere [6], *finire* [7], *exstinguere* [8]. *Dirimitur* [9] meint etwas Gewalt-
tätiges: Die Ehe wird in ihrem Effekt zerstört, so daß nichts
mehr von dem vorhanden ist, was als Ehe bezeichnet werden
kann. An den von Paulus aufgezählten Eheauflösungstatbestän-
den ist zu erkennen, daß sie alle positiven Rechts sind. Warum
soll gerade im Falle der *captivitas* die Ehe durch Aufhören des
Konsenses, in den übrigen Fällen aber durch das positive Recht
geschieden werden? Ein solcher Unterschied ist weder dem
dirimitur noch der Stellung der *captivitas* in der Reihe der
genannten *causae* zu entnehmen.

Ein anderer Text stammt von Tryphoninus:

> D. 49, 15, 12, 4 (4 disp.): Sed captivi uxor, tametsi maxime
> velit et in domo eius sit, non tamen in matrimonio est [10].

Die Frau des Gefangenen will an der Ehe festhalten. Obwohl
sie noch in seinem Hause wohnt, gilt: Sie ist nicht mehr verheiratet.

Ist dies im Aufhören des Konsenses begründet?

Der Text behauptet nur, daß die Ehe geschieden wird, ohne
dafür einen Grund anzugeben. Deshalb darf dieser nicht einfach
im Aufhören des Konsenses gesehen werden. Die Eheauflösung
kann auch vom Gesetzgeber verfügt werden. Diese Interpretation verdient den Vorzug, weil sie dem Wortlaut des *non tamen
in matrimonio est* gerechter wird.

Ein weiterer Text findet sich bei Marcian (D. 49, 15, 25).

Dort wird von einem Kind gesprochen, das in *captivitate*
geboren ist. Von ihm wird gesagt:

> quod si cum matre sola revertatur, quasi sine marito natus,
> spurius habebitur.

Die Tatsache, daß der in der Gefangenschaft geborene Sohn ein
spurius ist, zeigt, daß die Ehe durch die Gefangenschaft getrennt
wird. Marcian sagt nichts aus über den Grund der Ehetrennung.
Wie könnte jemand beweisen, daß dieser im Aufhören des Konsenses zu suchen ist? Der Text bietet keine Beweisstütze. Aus

---

[6] D. 26, 4, 5, 5: Ulp.; 49, 15, 12, 2: Tryph.

[7] D. 26, 4, 5, 5: Ulp.; 27, 3, 7, 1: Ulp.; 46, 6, 4, 5: Ulp.

[8] D. 47, 2, 41, 3: Ulp.

[9] Schon die Passivform weist darauf hin, daß der Grund der Ehetrennung nicht im Willen des *captivus* gesehen werden kann.

[10] ORESTANO, *Struttura* I 263, hält das *maxime* und AMIRANTE, 190, das
maxime velit für unecht. Das *in domo eius sit* bleibt unangefochten. Auf
diese Aussage kommt es an. Vgl. D. 23, 2, 5: Ulp.

keinem der analysierten Texte geht hervor, daß die Ehe des Gefangenen deshalb gelöst wird, weil die Konsensabgabe nicht mehr möglich ist.

II. ZUR NICHTANWENDUNG DES POSTLIMINIUM

Pomponius berichtet:

> D. 49, 15, 14 (3 ad Sab.): Cum duae species postliminii sint, ut aut nos revertamur aut aliquid recipiamus: cum filius revertatur, duplicem in eo causam esse oportet postliminii, et quod pater eum reciperet et ipse ius suum. 1 Non ut pater filium, ita uxorem maritus iure postliminii recipit: sed consensu redintegratur matrimonium [11].

Pomponius weist zunächst darauf hin, daß im Begriff des *postliminium* Personen- und Sachenrechtliches eng verbunden sind. Dann beschäftigt er sich mit der Rückkehr des Sohnes und der Frau. Inbezug auf den Sohn heißt es: Der Vater hat ein Recht, ihn wieder in die *potestas* zurückzuerhalten, und der Sohn hat ein Recht, wieder in die *potestas* des Vaters zu kommen. Auf die Ehefrau wird das *postliminium* nicht angewendet. Soll ihre Ehe wiederhergestellt werden, dann nur auf Grund des neuen Konsenses. Der Text erklärt die verschiedene Behandlung von Sohn und Ehefrau nicht. Es wird nur bestimmt: Der Sohn hat ein *postliminium*, die Frau hat keines.

Aus D. 49, 15, 14, 1 kann nicht abgeleitet werden, daß der *uxor* deshalb das *postliminium* versagt wird, weil ihre Ehe auf einem Kontinuativkonsens ruht.

Dem heimkehrenden Sohn wird das *postliminium* kraft positiven Rechts zugestanden. Da der Text die Nichtanwendung *des postliminium* für die zurückkommende Frau nicht eigens begründet, kann ohne Zweifel angenommen werden, daß dies vom positiven Recht verordnet ist. Pomponius spricht im Zusammenhang mit dem *postliminium* des Sohnes von einem *ius*. Würde die Nichtanwendung des *postliminium* auf die Ehefrau nicht auch im *ius*, sondern in der Konsensstruktur ihre Ursache haben, dann hätte Pomponius dies nicht verschweigen dürfen.

---

[11] Der Text wird als echt betrachtet. Vgl. VOLTERRA, *La conception* 44 Anm. 72; ORESTANO, *Struttura* I, 349 Anm. 541.

III. Ergebnis

Die Textanalysen zeigen, daß sowohl die Scheidung als auch die Nichtanwendung des *postliminium* im Willen des Rechts verankert sind. Das Recht kann die Ehe auflösen, weil sie grundsätzlich scheidbar ist. Der Klassiker trennt die Ehe infolge der *captivitas*, die den *honor matrimonii* zwischen den Partnern unmöglich macht. Darin unterscheidet sich die Gefangenschaft von dem in D. 24, 1, 32, 13 geschilderten Getrenntleben.

Die Tatsache, daß das Recht infolge der Gefangenschaft definitiv trennt, zeigt den egoistischen und utilitaristischen Charakter des klassischen Rechts; denn es schützt nur die Interessen des freien Partners.

§ 16. Die Gesetzesänderung in Nov. 22, 7

Der entscheidende Text lautet:

> Sed etiam captivitatis casus talis est, quale est bona gratia distrahere matrimonium. Sive enim contingat tale infortunium viro, muliere in republica manente, sive rursus mulier quidem in captivitatem ducatur, maneat autem vir in republica, scrupulosa quidem et subtilis ratio transigit nuptias: servitute namque semel superveniente alteri personae fortunae inaequalitas aequalitatem ex nuptiis manere non sinit.

Bis zum Erlaß dieser Novelle trennt die *captivitas* die Ehe [12]. Justinian gibt hierfür als Grund an: Infolge der eingetretenen *servitus* läßt die *inaequalitas fortunae* die *aequalitas ex nuptiis* nicht bestehen.

Der Kaiser sucht den Scheidungsgrund nicht in der Konsensstruktur, sondern in dem bis dahin geltenden Recht: *cum servis nullum est conubium* [13]. Dies bezeichnet Justinian als *scrupulosa et subtilis ratio* [14]. Ihr stellt er die *humanitas* gegenüber,

---

[12] Vgl. die Bemerkung von Kreller zu D. 24, 2, 1: *JurBl* 70 (1948) 284: «Justinian hat dieses Fragment an die Spitze des Titels: De divortiis et de repudiis gesetzt und damit zu erkennen gegeben, daß er vor Erlaß der Nov. 22 insoweit den Rechtszustand nicht ändern wollte».

[13] Vgl. Robleda: *Per* 58 (1969) 358-359; ders., *El matrimonio* 137-139. Dazu auch PS 2, 19, 6: Inter servos et liberos matrimonium contrahi non potest, contubernium potest.

[14] Angenommen, in der Klassik gründe die Scheidung in der Konsensstruktur, könnte man dann den Scheidungsgrund so bezeichnen?

die verlangt, daß auch während der Gefangenschaft die Ehe
fortdauert:

> Attamen humanius talia contemplantes, donec quidem est ma-
> nifestum superesse aut virum aut uxorem, manere insoluta ma-
> trimonia sinimus ...

Nun werden die Interessen des Gefangenen vom Recht berücksichtigt, das immer mehr von der *aequitas* geprägt wird. Diese
fortschreitende Humanisierung und Spiritualisierung begründet
die Rechtsänderung. Weil sich das Recht geändert hat, bleibt
die Ehe erhalten [15] und nicht weil sich der Konsens gewandelt
hat. Wäre Letzteres der Fall, dann wäre nicht zu erklären, warum auch in der Nachklassik bis zum Erlaß der Novelle 22 die
Ehe aufgelöst wird, obwohl der Konsens initial ist [16].

§ 17. Die Anwendung des ius postliminii

Die Verfechter des Kontinuativkonsenses meinen, eine starke
Stütze für ihre These darin zu finden, daß das römische Recht
für die Ehe kein *postliminium* zuläßt. Nun aber wird es in
einigen Texten im Zusammenhang mit der Ehe erwähnt. Es
stellt sich deshalb die Frage, ob das *postliminium* auch auf die
Ehe angewendet worden ist.

I. DER SARMATIAFALL

Die Kaiser Severus und Antoninus erlassen ein Reskript,
welches sich in C. 8, 50 (51) findet:

> Ex duobus captivis Sarmatia nata patris originem ita secuta
> videtur, si ambo parentes in civitatem nostram redissent. quam-
> quam enim iure proprio postliminium habere non possit quae

---

[15] Beweis hierfür ist auch die Scheidung der Ehe *bona gratia*, was
eine Erhaltung der Ehe während der *captivitas* voraussetzt. Vgl. auch D.
48, 5, 14, 7, wo gesagt wird, daß eine Frau in der Gefangenschaft Ehebruch
begehen kann.

[16] Die Ehe des Gefangenen wird aufgelöst, ganz gleich, ob ein Kon-
tinuativ- oder ein Initialkonsens angenommen wird. Die Auflösung hat
also mit der Konsensstruktur nichts zu tun. Das gleiche gilt auch für
die Nichtanwendung des *postliminium*. Da auch die auf einem Initialkonsens gründende Ehe nicht *iure postliminii* wiederhergestellt wird, kann aus
der Nichtanwendung des *postliminium* nicht auf einen Kontinuativkonsens geschlossen werden.

capta non est, tamen parentum restitutio reddet patri filiam. 1 Qui cum ab hostibus interemptus sit, matris dumtaxat condicionem, quae secum filiam duxit, videtur necessario secuta[17].

Der Text faßt in § 1 den Fall ins Auge, daß das in der Gefangenschaft geborene Kind nach dem Tode des Vaters mit der Mutter zurückkehrt. Unbestritten ist: Dieses Kind erhält die *condicio matris*. Es müßte Sklave sein, aber auf Grund des kaiserlichen Reskripts wird ihm die Freiheit und die Bürgerschaft zugestanden. Der Text beschäftigt sich in pr. mit der Frage, was geschehen soll, wenn es dem in der Gefangenschaft geborenen Kind gelingt, mit beiden Elternteilen (im folgenden Gaius und Titia genannt) zurückzukehren.

Das Kind erhält sicher die Ingenuität und die Zivität, was sich aus § 1 ergibt. Wird dem Kind damit auch die familienrechtliche Stellung zugebilligt?

Die Frage ist zu verneinen; denn die familienrechtliche Stellung wird von der Ingenuität und Zivität getrennt:

> Gai. 1, 93: Si peregrinus sibi liberisque suis civitatem Romanam petierit, non aliter filii in potestate eius fient quam si imperator eos in potestatem redegerit, quod ita demum is facit, si, causa cognita, aestimaverit hoc filiis expedire.

Was die familienrechtliche Position des Kindes betrifft, erklärt das Reskript: Das Kind kann *iure proprio* kein *postliminium* haben, aber die *parentum restitutio* gibt dem Vater die Tochter zurück. Mit der *parentum restitutio* wird die Wiederherstellung der Ehe ausgesagt. Gegenstand der Diskussion ist die Frage, wie die Ehe wiederhergestellt wird.

Verschiedene Erklärungsversuche bieten sich an:

1. Gaius und Titia leben auch während der Gefangenschaft in ehelicher Gemeinschaft zusammen. Ihre Ehe wird nicht getrennt[18].

Dieser Lösungsversuch scheitert an dem *dirimitur matrimonium* (D. 24, 2, 1), wovon es keine Ausnahme gibt. Auch wenn

---

[17] Zum Text vgl. RATTI: *BIDR* 35 (1927) 1962; ORESTANO, *Struttura* I, 266-270; AMIRANTE 152; DAUBE: *SZ* 76 (1959) 255; LEVY, II, 48-49. Die zitierten Autoren lassen den Text unangefochten. KRELLER: *JurBl* 70 (1948) 284, behauptet, das pr. sei aus der Interpretatio des Codex Gregorianus hinzugefügt worden; ders.: *SZ* 69 (1952) 207.

[18] ROBLEDA: *Per* 58 (1969) 352 Anm. 4, stellt die Autoren zusammen, nach welchen die Ehe erhalten bleibt, wenn beide Ehegatten in die Gefangenschaft geraten. Vgl. auch RASI 118.

beide Elternteile in die Gefangenschaft geraten, wird die Ehe aufgelöst, was aus D. 49, 15, 25 ersichtlich ist.

2. Gaius und Titia leben nach der Rückkehr aus der Gefangenschaft wieder als Eheleute zusammen. Daraus kann jeder ersehen, daß sie den Konsens erneuert haben.

Dieser Lösungsmöglichkeit steht das *consensu redintegratur matrimonium* entgegen (D. 49, 15, 14, 1). Die *redintegratio matrimonii* muß in einer für die Gesellschaft als Konsenserneuerung erkennbaren Form geschehen. Es ist immer zu bedenken, daß die Eheschließungsform in dem Maße an Bedeutung gewinnt, als die mores ihre ordnende Kraft hinsichtlich der Einehe verlieren. Im 2. JhnC hatten die heimkehrenden Eheleute ein Interesse, vor der Öffentlichkeit als *iusti coniuges* zu gelten, was auch in dem Bemühen um Begründung der *patria potestas* zum Ausdruck kommt. Dies geht hervor aus:

> D. 1, 7, 46 (Ulp. 4 ad leg. Iul. et Pap.): In servitute mea quaesitus mihi filius in potestatem meam redigi beneficio principis potest: libertinum tamen eum manere non dubitatur.

Die Fortsetzung des faktischen Zusammenlebens wurde von der Gesellschaft nicht als Konsenserneuerung betrachtet.

3. Gaius und Titia erneuern nach der Heimkehr den Konsens [19]. Dieser Erklärung widerspricht der Text des Reskripts. Dort ist die Rede von einer *parentum restitutio*. Wird so die Konsenserneuerung umschrieben? Ist *restitutio* dasselbe wie *redintegratio*? Wenn die Ehe durch den Konsens erneuert werden müßte, dann wäre ein besonderer Hinweis darauf nicht erforderlich. Es fällt auf, daß auch Marcian die *parentum restitutio* ausdrücklich hervorhebt:

> D. 49, 15, 25 (14 inst.): Divi Severus et Antoninus rescripserunt, si uxor cum marito ab hostibus capta fuerit et ibidem ex marito enixa sit: si reversi fuerint, iustos esse et parentes et liberos et filium in potestate patris, quemadmodum iure postliminii reversus sit: quod si cum matre sola revertatur, quasi sine marito natus, spurius habebitur [20].

---

[19] So u. a. ORESTANO, *Struttura* I, 273. Dazu die Kritik von WATSON: *TR* 29 (1961) 247.

[20] ORESTANO, *Struttura* I 272, und ihm folgend AMIRANTE, 153 Anm. 17, verteidigen die Echtheit des ganzen Textes. Anders KRELLER: *JurBl* 70 (1948) 186, und LEVY, *Schr.* II, 49 Anm. 12. Die Angriffe gegen den Text berühren das *iustos esse et parentes et liberos et filium in potestate patris* nicht.

Wenn die Eltern bei ihrer Heimkehr ein in der Gefangenschaft geborenes Kind mitbringen, dann gilt: Die Eltern sollen rechtmäßige Eltern im Verhältnis untereinander und zu den Kindern sein. Mit anderen Worten: Die Eltern sollen in einer gültigen Ehe leben, die Kinder sollen ehelich sein, und der Sohn soll unter der *patria potestas* stehen.

Müßten die Eltern den Konsens erneuern, um *iusti parentes* zu werden, dann wäre der Gesetzestext nicht begründet. Das *iustos esse parentes et liberos* hat nur dann einen Sinn, wenn keine Konsenserneuerung vorangeht.

Sicher ist, daß die Quellen von einer *parentum restitutio* und von *iusti parentes* sprechen. Diese Tatsache findet nur dann eine befriedigende Erklärung, wenn damit eine Ausnahme vom allgemeinen Gesetz der Konsenserneuerung statuiert werden soll. Es kann auch so argumentiert werden: Weil keine Konsenserneuerung gefordert wird, müssen die Kaiser die *parentum restitutio* verfügen. Nur so werden die zurückkehrenden Eltern eheliche Eltern, was die Voraussetzung für die Aufnahme des Kindes in die *patria potestas* bildet. Auf Letzteres zielt die Tendenz des Reskripts hin [21]. Dies wird ersichtlich aus

> D. 49, 15, 9 (Ulp. 4 ad leg. Iul. et Pap.): Apud hostes susceptus filius si postliminio redierit, filii iura habet: habere enim eum postliminium nulla dubitatio est post rescriptum imperatoris Antonini et divi patris eius ad Ovinium Tertullum praesidem provinciae Mysiae inferioris [22].

Der in *captivitate* geborene Knabe [23] ist Sklave. Wenn er mit beiden Elternteilen heimkehrt, erhält er kraft des Reskripts die Freiheit und die Bürgerschaft. Ulpian beschäftigt sich mit der Frage, ob das Kind hinsichtlich seiner familienrechtlichen Stellung einem *in civitate* Geborenen gleichzuhalten ist.

Der Jurist bejaht diese Frage: *filia iura habet* [24]. Der Knabe

---

[21] KRELLER: *SZ* 69 (1952) 207, hat bemerkt, daß Pomponius (D. 49, 15, 14, 1) und Paulus (D. 49, 15, 8) mit dem Ausdruck *parentum restitutio reddet patri filiam* den Einfluß des *postliminium* auf die *patria potestas* bezeichnen.

[22] Zum Text vgl. AMIRANTE 153; DAUBE: *SZ* 76 (1959) 255.

[23] Der Text spricht von *filius*, obwohl der konkrete Fall die Interessen des Mädchens Sarmatia im Auge hat. Die maskulinische Form bezeichnete allgemein den Abkömmling, wenn nicht berücksichtigt werden muß, ob das Gesagte für Sohn oder Tochter gelte.

[24] Das *postliminium* ist wiederholt als unecht bezeichnet worden. MEINHART, 62 Anm. 38, hat jedoch darauf hingewiesen, daß die Wendung *filii iura* habet das ungleich wichtigere Element der Aussage bildet. Dieses sei nicht bekämpft worden.

hat kein *postliminium*, aber er wird so behandelt, als hätte er ein solches. Aus diesem ergibt sich dann das Recht auf die familienrechtliche Position, die er hätte, wenn die Eltern nie Gefangene gewesen wären. Die Tendenz des Reskripts geht also dahin, dem Kind etwas zu geben, was es nur deshalb nicht erwerben konnte, weil es früher nie Rechte gehabt hat[25]. Weil die Stellung des Kindes in der Familie geordnet werden soll, deshalb wird die *parentum restitutio* verfügt. Eine Konsenserneuerung wird nicht verlangt.

4. Gaius und Titia kommen wohlbehalten aus der Gefangenschaft zurück. Sie haben dort zusammengelebt. Es wurde ihnen sogar ein Kind geboren, das sie mitbringen. Nach der Rückkehr gelten sie als unverheiratet, obwohl sie die Strapazen der *captivitas* geteilt haben und ihnen dort ein Kind geschenkt wurde. Um in gültiger Ehe zu leben, müssen sie den Ehekonsens erneuern. Es wäre denkbar, daß angesichts der Geschichte von Gaius und Titia den Römern zum Bewußtsein kam, welche Zumutung die Konsenserneuerung für diese beiden Menschen bedeuten würde. Da sonst alles da ist, was zur Wiederherstellung der Ehe gefordert wird, bestimmen die Kaiser die *parentum restitutio*, d. h. die heimkehrenden Eltern werden so behandelt, als wären sie nie *in captivitate* gewesen. Ihnen werden die Folgen des *postliminium* extensiv zugewendet: Sie sind rechtmäßige Eltern, das Kind ist ehelich und in der väterlichen Gewalt.

Letzteres ist nur möglich, weil die Eltern in einem *iustum matrimonium* leben.

Der Verfasser verteidigt den an letzter Stelle dargelegten Erklärungsversuch, weil er die verschiedenen Quellen interpretieren kann, ohne Angriffe gegen die Substanz der Texte zu erheben. Außerdem paßt der Erklärungsversuch gut zum Grund der Ehetrennung und zur Nichtanwendung des *postliminium*, wenn nur ein Elternteil heimkehrt.

Die Ehe des *captus* wird gelöst, damit der freie Partner eine neue Ehe eingehen kann[26]. Das *postliminium* wird nicht angewendet, damit die zweite Ehe nicht gestört wird[27]. Soll die erste Ehe wiederhergestellt werden, dann erfolgt dies durch Konsenserneuerung.

Geraten beide Elternteile in die Gefangenschaft, leben beide dort zusammen und kehren beide wieder heim, dann steht nichts

---

[25] Vgl. dazu MEINHART 61.

[26] Vgl. D. 49, 15, 12, 4: Tryph.

[27] Nur so wird das Prinzip gewahrt: *Libera matrimonia esse antiquitus placuit ...* (C. 8, 38, 2).

im Wege, diese Ehe durch das *postliminium* wiederherzustellen [28]. Dieser Weg bietet sich dann an, wenn dadurch die familienrechtliche Position eines Kindes geordnet werden kann.

Die Gegenargumente gegen die *restitutio* der Ehe kraft des *postliminium* entstehen nicht aus den Quellen, sondern aus der Theorie des Kontinuativkonsenses [29]. Seinen Verfechtern ist entgegenhalten: Der im Reskript gebrauchte Ausdruck *matris condicionem sequi* zeigt mit aller wünschenswerten Deutlichkeit, daß es den Römern in erster Linie um die Statusfrage geht [30]. Das Konsensproblem wird nur anläßlich der Rückkehr beider Elternteile, die ein in der Gefangenschaft geborenes Kind mitbringen, berührt.

Die Bedeutung des Reskripts für die Konsensstruktur liegt darin, daß die Eltern nach der Heimkehr den Konsens nicht erneuern müssen. Daraus folgt, daß das Prinzip: *consensu redintegratur matrimonium*, nicht in jedem Fall Geltung hat. Es ist demnach nicht ein Erfordernis des Kontinuativkonsenses, sondern eine Verfügung des positiven Rechts [31].

II. DIE LIBERTA PATRONO NUPTA

Ulpian schreibt in seinem Kommentar zur Lex Iulia et Papia:

D. 23, 2, 45, 6: Si ab hostibus patronus captus esse proponatur, vereor ne possit ista conubium habere nubendo, quemadmodum haberet, si mortuus esset. et qui Iuliani sententiam probant, dicerent non habituram conubium: putat enim Iulianus durare eius libertae matrimonium etiam in captivitate propter patroni reverentiam. certe si in aliam servitutem patronus sit deductus, procul dubio dissolutum esset matrimonium [32].

---

[28] Das *postliminium* wenden u. a. auf die Ehe an: LEVY, *Schr.* II, 49; RATTI: *BIDR* 35 (1927) 164; WATSON 237 Anm. 2; Vgl. auch KASER, *RP* I, 2. Aufl. 325.

[29] ORESTANO, *Struttura* I 273, lehnt das *postliminium* ab mit der Begründung, daß der Text hätte deutlicher sein müssen und daß die Jurisprudenz die Bedeutung der Konstitution hätte hervorheben können. Die Einwendungen Orestanos setzten den Kontinuativkonsens als erwiesen voraus.

[30] Vgl. MEINHART 61.

[31] Anders bekanntlich ORESTANO, *Struttura* I, 291: « La necessità di un nuovo consenso, mentre da una parte indica quale sia la vera ragione della estinzione del matrimonio, dall'altra indica la ragione per cui il rapporto, estinto con la *captivitas*, non si può reintegrare *ipso iure*, essendo necessaria per il risorgere del rapporto la volontà dei titolari ».

[32] Zur Textkritik vgl. SOLAZZI: *BIDR* 34 (1925) 300; BESELER: *SZ* 45 (1925) 198; RATTI: *BIDR* 35 (1927) 153-155; KRELLER: *JurBl* 70 (1948) 286-

Der Text behandelt die Frage, ob die *liberta patrono nupta* durch die Gefangenschaft des *patronus* wie jede andere Frau frei wird. Ulpian bejaht diese Frage. Daher « befürchtet » er, die *liberta* würde ein *conubium* haben [33]. Anderer Auffassung ist Julian. Nach ihm hat die *liberta* kein *conubium* [34]. Sie darf keine Ehe eingehen.

Astolfi [35] verteidigt als Ergebnis der Quellenanalyse, daß die Ehe der *liberta* infolge der Gefangenschaft des Patrons nicht getrennt wird. Die Frau kann ihre Ehe von sich aus nicht auflösen. Sie hat kein *conubium* und kann keine Zweitehe eingehen. Diese ist nichtig, weil die erste Ehe noch fortdauert.

Watson [36] räumt dem Patron nach seiner Rückkehr ein Recht auf seine Frau ein, so daß die Ehe kraft des *postliminium* wiederhergestellt wird. Der Gelehrte stützt sich auf D. 24, 2, 1, wo die *captivitas* eigens neben der *servitus* genannt wird. Er meint, der Grund für die getrennte Aufzählung sei, daß im Falle der *captivitas* das *ius postliminii* angewendet werden kann, im

---

288; BIONDI, *DRC* III, 157; WATSON: *TR* 29 (1961) 247-249; ROBLEDA, *El matrimonio* 242 Anm. 5.

[33] Vgl. KRELLER: *JurBl* 70 (1948) 287 Anm. 62.

[34] Wie Ulpian darlegt, meint Julian, die Ehe würde weiterhin andauern. Wenn Ulpian die Auffassung von Julian richtig wiedergibt, dann wäre dies ein Beweis für den Initialkonsens. Heute nehmen die meisten Forscher an, daß die *liberta* frei wird, wenn der Patron in die Gefangenschaft gerät. Es wird ihr aber kein *conubium* zuerkannt. Die Verteidiger des Kontinuativkonsenses fordern die Auflösung der Ehe deshalb, weil der Gefangene keinen Konsens abgeben kann. Sie halten den Text von *putat* an für interpoliert. Dagegen kann gesagt werden:

a) Auch unter Voraussetzung eines Initialkonsenses ist die Auflösung der Ehe zu vertreten. Die *patroni reverentia* bleibt gewahrt, wenn der *liberta* das *conubium* versagt wird.

b) Wer wegen des Kontinuativkonsenses die Interpolation verteidigt, muß auch Julian zu den Verfechtern eines Kontinuativkonsenses rechnen. Letzteres läßt sich aus dem Text nicht beweisen. Dazu ROBLEDA, *El matrimonio* 242 Anm. 5.

Zur ganzen Diskussion besonders BUND, 151-152, und VOLTERRA: *Studi Chiarelli* IV, 4365-4379.

[35] La Lex Iulia et Papia 207 ff. Der Gelehrte stellt fest, daß hier eine Ausnahme vom allgemeinen Prinzip der Ehetrennung infolge der Gefangenschaft ausgesagt wird. Demnach kann der Grund des *dirimitur matrimonium captivitate* (D. 24, 2, 1) nicht in der kontinuativen Konsensstruktur gesucht werden. Die vorgelegte Interpretation von D. 23, 2, 45, 6 hat einen Initialkonsens zur Voraussetzung.

[36] *TR* 29 (1961) 247-254. Vgl. auch LEVY, *Schr.* II, 50. Er hält es für überaus wahrscheinlich, daß der *liberta* das *conubium* versagt wird, aber er führt auch die andere Möglichkeit an, « daß man dem zurückkehrenden Patron das Privileg gab, die *liberta* aus der neuen Ehe zurückzuholen ».

Falle der *servitus* aber nicht. Demnach muß Watson einen Initialkonsens verteidigen; denn der Kontinuativkonsens verträgt kein *postliminium*.

Abschließend kann festgehalten werden: Das klassische Recht kennt eine Wiederherstellung der Ehe ohne Konsenserneuerung. Dies zeigt der Sarmatiafall, der mit einem Kontinuativkonsens nicht zu deuten ist. Die *liberta patrono nupta* hat kein *conubium*, wenn der Patron in die Gefangenschaft gerät. Die Verweigerung des *conubium* spricht gegen einen Kontinuativkonsens, erst recht die Anwendung des *ius postliminii*.

§ 18. Die Auflösung der Ehe alia contingente servitute

Die *servitus* löst die Ehe in der Klassik:

D. 24, 2, 1 (Paul. 35 ad ed.): Dirimitur matrimonium ... alia contingente servitute.

D. 23, 2, 45, 6 (Ulp. 3 ad leg. Iul. et Pap.): Certe si in aliam servitutem patronus sit deductus, procul dubio dissolutum esset matrimonium.

Gleiches gilt unverändert für die Nachklassik:

Nov. 22, 8 (535): Si enim ex decreto iudiciali in metallum aliquis aut vir aut mulier dari iussus esset ... servitus quidem erat ab antiquis legislatoribus sancita ex supplicio illata, separabatur vero matrimonium, supplicio possidente damnatum sibi servientem.

Diejenigen, die die Ehe durch einen Kontinuativkonsens zustandekommen lassen, sehen den Grund der Eheauflösung darin, daß der Konsens nicht mehr produziert werden kann [37]. Diese Begründung stößt auf nicht geringe Schwierigkeiten:

a) Da der Konsens in der Nachklassik initial ist, kann die Trennung für diese Zeit nicht mit dem Aufhören des Konsenses erklärt werden. Nun aber begründet Justinian in Nov. 22, 8, das *separabatur matrimonium* für die Klassik nicht anders als für die Nachklassik. Daraus kann der Schluß gezogen werden, daß auch in der Klassik die Eheauflösung nicht in der kontinuativen Konsensstruktur ihren Grund hat [38].

---

[37] Für alle VOLTERRA, *La conception* 65; ders., *Il matrimonio romano* 328.

[38] Wer diesen Überlegungen nicht zustimmt, muß erklären, warum

b) In Nov. 22, 8 will Justinian die Ehe des zur Bergwerks-
arbeit Verurteilten erhalten. Deshalb soll dieser nicht mehr *servus*
werden:

> Nos autem haec curavimus, et nullum ab initio bene natorum
> ex supplicio permittimus fieri servum. neque enim mutamus
> nos fortunam liberam in servilem statum, qui etiam dudum ser-
> vientium manumissores esse festinamus. maneat igitur matri-
> monium hic nihil ex tali decreto laesum, utpote inter personas
> liberas consistens.

Der Grund der Eheauflösung liegt somit nicht in der Struktur
des Konsenses, sondern in der rechtlichen Bestimmung: *cum
servis nullum est conubium*. In Nov. 22, 8 verhindert der Kaiser,
daß eine *persona libera* in den *status servilis* fällt. *Inter personas
liberas* kann aber die Ehe bestehen [39].

c) Die *servitus* wegen Undankbarkeit des *libertus* löst weiterhin die Ehe. Dies zeigt, daß sich mit Nov. 22, 8 nicht der
Konsens, sondern das Recht gewandelt hat [40].

Alle diese Schwierigkeiten lassen sich leicht ausräumen,
wenn man als Grund des *dirimitur matrimonium alia contingente servitute* den Willen des Gesetzgebers annimmt. Der Rückgriff auf die Konsensstruktur bietet keine Erklärung für die
Eheauflösung in der Nachklassik, noch weniger für den in Nov.
22, 9 geschilderten Tatbestand.

---

das *separabatur matrimonium* in Klassik und Nachklassik einen anderen
Sinn haben soll.

[39] Vgl. BIONDI, *DRC* III 163: « Qui è eliminata la causa al fine di esclu-
dere lo scioglimento del matrimonio ». So auch ROBLEDA: *Per* 58 (1969) 360
Anm. 20; ders., *El matrimonio* 245-246; ferner BURDESE, *Gli istituti* 127.

[40] Nov. 22, 9: *Si vero decretum iudiciale libertum aut libertam aut
horum filios in servitutem redigat, constat quidem ab initio matrimonium,
postea vero apparens servitus separat eos ab invicem, tamquam morte
secuta.*

5. KAPITEL: ANDERE EHEAUFLÖSUNGSTATBESTÄNDE

In D. 24, 2, 1 werden nicht alle Eheauflösungstatbestände aufgezählt [1]. Es fehlen sicher die *deportatio*, das *impedimentum superveniens* und die Scheidung durch den Willen des *pater-familias*.

Es stellt sich folgendes Problem: Die *captivitas* und die *servitus* bringen eine Änderung der *condicio personae* mit sich, nicht aber das *impedimentum superveniens* und die Scheidung durch den Willen des Vaters. Mit der *deportatio wird* erst seit den Severern die *amissio civitatis* verbunden.

§ 19. Die Auflösung der Ehe durch deportatio

Auch die Auflösung der Ehe infolge der Verbannung wird als Beweis für den Kontinuativkonsens angeführt. Ist dieser Beweis stichhaltig? Die Quellenanalyse wird Antwort geben.

I. DAS FAKTUM

Es steht quellenmäßig fest, daß vor Konstantin, also noch während der Klassik, die Ehe infolge der *deportatio* aufgelöst wird. Konstantin hat das Recht geändert:

> C. 5, 16, 24, 2 (321): Sin autem aqua et igni ei interdictum erit vel deportatio illata, non tamen mors ex poena subsecuta, donationes a viro in uxorem collatae adhuc in pendenti maneant, quia nec matrimonium huiusmodi casibus dissolvitur.

Klar und deutlich wird gesagt:

> nec matrimonium huiusmodi casibus dissolvitur.

Auch Justinian bezeugt, daß Konstantin die *deportatio* als Ehe-auflösungsgrund abgeschafft hat:

---

[1] Vgl. ORESTANO, *Struttura* I, 229-231; ferner BIONDI, *DRC* III, 152.

Nov. 22, 13: Deportatio tamen, in quam migravit et antiqua ignis et aquae interdictio, quam aquae et ignis interdictionem vocant nostrae leges, non solvit matrimonia hoc enim et sacratissimo pridem placuit Constantino clemens quaedam causa et a nobis quidem probata est ...

So kann als gesichert gelten, daß vor Konstantin die Ehe infolge *deportatio* getrennt wird. Damit ist aber die Frage, in welchem Zeitraum die Ehe aufgelöst wird, noch nicht beantwortet.

III. DER ZEITRAUM

Es gibt nicht wenige Forscher, die der Meinung sind, daß die Ehe während der ganzen klassischen und nachklassischen Zeit geschieden wird. Erst Justinian habe das Recht geändert. Die konstantinische Konstitution sei von der justinianischen Kommission interpoliert worden [2].

Als Beweis führen sie an, daß der Teil, der von der Auflösung der Ehe spricht, in C. 5, 16, 24, 2 fehlt, wohl aber in CT 9, 42, 1 vorhanden ist. Da der Text im Codex Theodosius älter ist als die konstantinische Konstitution, müsse er auch der ursprüngliche sein.

Schiavone [3] hat mit guten Gründen aufgezeigt, daß C. 5, 16, 24, 2 nicht interpoliert ist, vielmehr muß CT 9, 42, 1 als korrupt betrachtet werden.

Er hat auch nachgewiesen, daß die *deportatio* nicht während der ganzen Klassik, sondern nur in den letzten Jahrzehnten der Klassik und zu Beginn der Nachklassik die Ehe auflöst.

III. DER GRUND

Die *opinio communis* der Autoren geht dahin, daß die Ehe infolge der *deportatio* getrennt wird, weil diese eine *amissio civitatis* mit sich bringt [4]. Dagegen behaupten andere Autoren, erst die Severer würden mit der *deportatio* die *amissio civitatis*

---

[2] ROBLEDA, *El matrimonio* 247 Anm. 15, hat dazu die Literatur zusammengestellt.

[3] *AANA* 78 (1967) 424 ff. GUARINO, 596, schließt sich an. Auch KASER, *RP* I, 2. Aufl. 325 Anm. 7, zitiert SCHIAVONE.

[4] U. a. VOLTERRA, *La conception* 65; ders., *Il matrimonio romano* 328; BIONDI, *DRC* III, 161; KASER, *RP* I, 2. Aufl. 325.

verbinden [5]. Wer also die Scheidung der Ehe verteidigt, kann diese nicht mit dem Verlust der *civitas* begründen, wenigstens nicht für die Zeit vor den Severern.

Wie Schiavone gezeigt hat, wird seit den Severern der Verlust der *civitas* mit der *deportatio* verknüpft. Trotzdem wird die Ehe nicht gelöst; denn die Auflösung wird erst gegen Ende des 3. JhnC mit der *deportatio* gekoppelt.

Deshalb sind die Quellen, die die Fortdauer der Ehe während der *deportatio* behaupten, nicht als interpoliert anzusehen. Sie geben die gesetzliche Regelung wieder, die bis zum Ausgang der Klassik in Geltung ist.

Besonders interessant ist ein Text, in welchem Ulpian dem Marcellus zustimmt:

> D. 48, 20, 5, 1 (33 ad ed.): Quod si deportata sit filia familias, Marcellus ait, quae sententia et vera est, non utique deportatione dissolvi matrimonium: nam cum libera mulier remaneat, nihil prohibet et virum mariti affectionem et mulierem uxoris animum retinere. si igitur eo animo mulier fuerit, ut discedere a marito velit, ait Marcellus tunc patrem de dote acturum.

Aus diesem Text ist zu entnehmen, daß der Mann die *mariti affectio* und die Frau den *uxoris animus* bewahren kann.

Trotz der Verbannung besteht die Ehe weiter. Es liegt im Belieben der Frau, sich scheiden zu lassen. Sie tut dies, wenn sie den *animus* hat, vom Manne wegzugehen. Dieser *animus* beinhaltet: *nolle uxoris animum retinere*. Das *nolle* aber impliziert einen gegenteiligen Willensakt. Wenn die Frau sich scheidet, dann geschieht dies nicht durch Aufhören des Konsenses, sondern durch dessen Widerruf.

Auch Alexander Severus bestätigt, daß die Ehe erhalten bleibt, wenn der Mann verbannt wird:

> C. 5, 17, 1 (229): Matrimonium quidem deportatione vel aqua et igni interdictione non solvitur, si casus, in quem maritus incidit, non mutet uxoris adfectionem.

Die Ehe wird geschieden, wenn die *uxor* die *adfectio* ändert.

Das *mutare affectionem* hat den gleichen Sinn wie das *discedere velle a marito* in D. 48, 20, 5, 1. Wie dort handelt es sich auch in C. 5, 17, 1 um einen gegenteiligen Willensakt.

---

[5] So u. a. LONGO (G): *BIDR* 46 = *NS* 5 (1939) 137 = *Ricerche* 317: «Almeno fino a Caracalla, non sembra che la deportazione producesse la perdita della cittadinanza». Auch SCHIAVONE: *AANA* 78 (1967) 478. Ihm zustimmend ROBLEDA: *Per* 58 (1969) 363; ders., *El matrimonio* 248-249.

Eine gewisse Schwierigkeit ergibt sich aus D. 24, 3, 56.
Paulus behauptet nämlich, daß die *deportatio* die Ehe trennt.
Dies darf aber als seine persönliche Meinung angesehen werden.
Jedenfalls kann aus diesem einzigen Textzeugnis kein Argument
für die Eheauflösung infolge *deportatio* entnommen werden[6].

IV. ERGEBNIS

Die *deportatio* begünstigt in keiner Weise die These vom
Kontinuativkonsens. Trotz der *amissio civitatis* wird die Ehe
aufrechterhalten. Wird sie gelöst, dann geschieht dies durch einen
gegenteiligen Willensakt. Erst gegen Ende des 3. JhnC verknüpft
der Gesetzgeber mit der *deportatio* den Verlust des *conubium*.
Konstantin hat dieses Recht wieder geändert, so daß nach Konstantin die Ehe auch während der *deportatio* wieder erhalten
bleibt.

Die Aufrechterhaltung der Ehe hat ihren Grund nicht in
einem Konsenswandel, sondern in der Änderung des Rechts.

§ 20. Das impedimentum superveniens

Ein *impedimentum*, das das Zustandekommen der Ehe verhindert, muß unter Voraussetzung eines Kontinuativkonsenses
die Ehe lösen, wenn es nach dem Eheabschluß eintritt.

Es gilt also, die *impedimenta supervenientia* daraufhin zu
prüfen, ob sie die Ehe tatsächlich trennen.

I. DIE DURCH *adoptio* BEGRÜNDETE VERWANDTSCHAFT

Wenn der Vater der Frau seinen Schwiegersohn adoptiert,
dann wird dieser in der Seitenlinie mit seiner Frau verwandt,
und wenn der Vater des Mannes seine Schwiegertochter adoptiert, dann wird diese in der Seitenlinie mit ihrem Manne verwandt.

In der Klassik kann aber unter Geschwistern keine Ehe geschlossen werden. Deshalb wird sie im Falle der Adoptivverwandtschaft gelöst:

---

[6] ROBLEDA: *Per* 58 (1969) 363 Anm. 29, hält es nicht für ausgeschlossen,
daß Alexander seine Konstitution wegen der entgegenstehenden Meinung
des Paulus veröffentlichte. Ders., *El matrimonio* 248 Anm. 19.

> Gai. 1, 61: Sane inter fratrem et sororem prohibitae sunt
> nuptiae ... ... sed si qua per adoptionem soror mihi esse coepe-
> rit, quamdiu quidem constat adoptio, sane inter me et eam
> nuptiae non posse consistere; cum vero per emancipationem
> adoptio dissoluta sit, potero eam uxorem ducere.

Soll die Ehe bestehen bleiben, dann muß der Vater vor der
adoptio seines Schwiegersohnes seine Tochter emanzipieren. Das
Recht rät ihm zu diesem Schritt:

> D. 23, 2, 17, 1 (Gai. 11 ad ed. prov.): Itaque volenti generum
> adoptare suadetur, ut filiam emancipet: similiter suadetur ei,
> qui nurum velit adoptare, ut emancipet filium.

In der Nachklassik muß die Emanzipation der Adoption vorausgehen, sonst ist diese nichtig:

> Inst. 1, 10, 2: et ideo constat, si quis generum adoptare velit,
> debere eum ante filiam suam emancipare: et si quis velit nu-
> rum adoptare, debere eum ante filium emancipare.

Damit wird die Eheauflösung verhindert, weil ihre Voraussetzung
(die durch Adoption begründete Verwandtschaft) fehlt.

Bietet die Behandlung der Ehe zwischen Personen, die durch
Adoption in der Seitenlinie verwandt sind, ein Argument für
den Kontinuativkonsens in der Klassik und für den Initialkonsens in der Nachklassik?

Eine negative Antwort ergibt sich aus folgenden Gründen:

a) Die Adoptivverwandtschaft bildet ein einfaches Verbot
und bringt keine Änderung der *condicio personae* mit sich. Die
Partner behalten ihren rechtlichen Status. Deshalb kann die
Auflösung der Ehe nicht mit dem Aufhören des Konsenses erklärt
werden; denn die Konsensfähigkeit bleibt erhalten.

b) Würde sich die Auflösung aus dem Begriff der Ehe ergeben, dann wäre unverständlich, warum Gaius besonders betont,
daß im Falle der durch Adoption begründeten Verwandtschaft
die Ehe getrennt wird.

c) Da die Ehe bis Justinian geschieden wird, kann die Ursache der Auflösung nicht in der kontinuativen Konsensstruktur
gefunden werden; denn in der Nachklassik ist der Konsens
initial.

Die Auflösung der Ehe hat also ihren Grund nicht im Kontinuativkonsens, sondern im positiven Recht: In der Klassik
wird dem Adoptivvater der Rat erteilt, vor der Adoption seine

Tochter oder seinen Sohn zu emanzipieren. Tut er dies nicht, dann wird die Ehe vom Gesetze gelöst. Dies geschieht unabhängig von der Frage, ob der Konsens noch andauert oder nicht.

In der Nachklassik wird dem Adoptivvater auferlegt, die Emanzipation seiner Tochter oder seines Sohnes vorzunehmen. Tut er dies nicht, dann ist die Adoption nichtig, und die Ehe bleibt bestehen.

II. Das Aufrücken in den Senatorenstand

In der Klassik kann ein Senator keine *liberta* heiraten[7]. Rückt ein Mann, der mit einer *liberta* verheiratet ist, in den Senatorenstand auf, dann wird seine Ehe gelöst:

> C. 5, 4, 28 pr. (531 vel 532): Si libertam quis uxorem habeat, deinde inter senatores scribatur dignitate illustratus, an solvatur matrimonium, apud Ulpianum quaerebatur, quia lex Papia inter senatores et libertas stare conubia non patitur.

Die Frage, *an solvatur matrimonium,* führt zu einer Diskussion unter den Juristen[8].

Kaser[9] verteidigt die Meinung, daß die Ehe gültig bleibt, wenn der Mann Senator wird. Eine solche Auffassung kann verteidigt werden. Sie geht davon aus, daß die Ehe durch einen Initialkonsens zustandekommt; denn der Kontinuativkonsens läßt keine Fortexistenz der Ehe zu, wenn ein Hindernis eintritt, das die Ehe nicht hätte entstehen lassen.

Die Mehrzahl der Autoren[10] ist der Auffassung, daß die Ehe getrennt wird. Diese Meinung steht nicht im Widerspruch zu einem Kontinuativkonsens, was aber nicht genügt, um damit die Auflösung der Ehe zu erklären.

C. 5, 4, 28 pr. läßt diese Begründung nicht zu. Wenn sich die Scheidung als etwas Logisches aus dem Begriff der Ehe ergibt, dann ist die Frage, an *solvatur matrimonium,* unbegreiflich; denn niemand stellt Überlegungen darüber an, ob der Konsens aufhören soll oder nicht.

Die Frage Ulpians ist aber sinnvoll, wenn die Scheidung vom

---

[7] Vgl. D. 23, 2, 44, 1: Paul.

[8] Auf diese Diskussion weist besonders BIONDI hin: *Ist.* 4. Aufl. (1965) 585.

[9] *RP* I, 2. Aufl. 326.

[10] U. a. DI MARZO 99; VOLTERRA: *BIDR* 37 (1929) 241; SCHULZ 135; PEROZZI, *Ist.* 2. Aufl. (1928) I, 362. GUARINO, 596, sieht den Scheidungsgrund im Fehlen eines wesentlichen Elementes.

Willen des Rechts bewirkt wird. So kann gefragt werden, ob das Recht die Ehe auflösen soll, wenn der Mann Senator wird. Gegen die Annahme eines Kontinuativkonsenses steht auch die Tatsache, daß die Ehe bis Justinian getrennt wird, obwohl der Konsens in der Nachklassik initial ist. Erst Justinian ändert das Recht:

> C. 5, 4, 28, 2: Absit itaque a nostro tempore huiusmodi asperitas et firmum maneat matrimonium et uxor marito concrescat et sentiat eius fulgorem stabileque maneat matrimonium ex huiusmodi superventu minime deminutum.

Auf eine Rechtsänderung verweisen auch die Ausdrücke: *maneat, concrescat* und *sentiat.* An die Stelle des alten Rechts, das durch die *asperitas* geprägt ist, tritt ein neues Recht, geschaffen von einem Kaiser, der dem *iudicium Dei* folgt.

Vi iuris wird vor Justinian die Ehe des mit einer *liberta* verheirateten Mannes aufgelöst, wenn dieser in den Senatorenstand aufrückt[11]. *Vi iuris* bleibt die gleiche Ehe nach C. 5, 4, 28, 2 erhalten. Weder die Auflösung noch die Erhaltung der Ehe hat einen Bezug zu einer bestimmten Konsensstruktur. Deshalb läßt sich aus der Auflösung kein Kontinuativ- und aus der Erhaltung kein Initialkonsens ableiten.

III. DAS EHEVERBOT IN D. 23, 2, 44, 1

Ein Senator kann keine *libertina* heiraten und keine solche, deren Vater oder deren Mutter die *ars ludrica* ausüben:

> D. 23, 2, 44, 1 (Paul. 1 ad leg. Iul. et Pap.): Hoc capite prohibetur senator libertinam ducere eamve, cuius pater materve artem ludricam fecerit.

Wird die Gattin eines Senators oder ein Elternteil von ihr Schauspieler, dann bleibt die Ehe bestehen[12]; denn der Senator wird gezwungen, die Ehe zu trennen:

---

[11] C. 5, 4, 28 pr. begründet die Auflösung: *quia Lex Papia inter senatores et libertas stare conubia non patitur. Conubium* ist ein Synonym für *matrimonium.* In der Auffassung des Kaisers ist es also die *lex,* welche die Ehe nicht weiterbestehen läßt.

[12] Vgl. KUNKEL: *RE* XIV, 2274; KASER, *RP* I, 2. Aufl. 326; NARDI: *SDHI* 7 (1941) 132. Zum Scheidungszwang vgl. D. 4, 4, 37, 1: Tryph.: *...aut in adulterio deprehensam uxorem non dimiserit;* D. 48, 5, 25, 1: Mac.: *...et praecipitur, ut is maritus, qui horum quem occiderit, uxorem sine mora dimittat.* Auch D. 48, 5, 2, 2: Ulp.; eod. 30 pr.: Ulp.

D. 23, 2, 44, 6 (Paul. 1 ad leg. Iul. et Pap.): Si postea ingenuae uxoris pater materve artem ludricam facere coeperit, iniquissimum est dimittere eam debere, cum nuptiae honeste contractae sint et fortasse iam liberi procreati sint.

Wie kann unter Voraussetzung eines Kontinuativkonsenses die Ehe fortbestehen? Muß nicht notwendig der Konsens aufhören, wenn sich das Hindernis einstellt? Verträgt dieser Konsens einen Scheidungszwang?

Das Fortbestehen der Ehe kann nur mit einem Initialkonsens erklärt werden; denn unter Voraussetzung eines Kontinuativkonsenses muß die Ehe aufhören zu existieren.

Auch der Scheidungszwang setzt einen Initialkonsens voraus, denn das Recht hat keine Möglichkeit, auf den Konsens einzuwirken. Wohl aber kann es fordern, daß der Senator die aus einem Initialkonsens entstandene Verpflichtung zum *consortium omnis vitae* auflöst. Auch in diesem Falle geschieht die Eheauflösung *vi iuris*[13].

VI. Ergebnis

a) Das Hindernis der Adoptionsverwandtschaft unter Seitenverwandten trennt die Ehe, wenn es nach der Eheschließung und vor der Emanzipation des eigenen Kindes eintritt.

b) Rückt ein Mann, der eine *liberta* zur Frau hat, in den Senatorenstand auf, dann wird seine Ehe aufgelöst. Die Juristen diskutieren aber, ob das Recht die Ehe lösen soll oder nicht.

c) Beginnt der Vater oder die Mutter einer Senatorenfrau

---

[13] Mit Recht fragt ROBLEDA, *El matrimonio* 251: « Si el matrimonio se está haciendo en cada momento de su duración, cómo es posible que siga haciéndose a partir del instante en que el impedimento se presenta? ». In seiner Besprechung von ROBLEDA (*El matrimonio* 136) schreibt BUCCI: *Apollinaris* 45 (1972) 554: « Difficilmente contestabile ci appare ancora, la convincente osservazione del Robleda per quanto attiene l'ipotesi di sopravvenienza di un impedimento ». DI SALVO: *Index* 2 (1971) 384, sieht das Problem unter dem Aspekt der Ursache, nicht unter dem Aspekt des Willens. Wenn der Konsens kontinuativ ist, dann kann das Problem nur unter dem Aspekt des Willens gesehen werden; denn von ihm allein hängen Zustandekommen und Bestand der Ehe ab. Wird das Gesetz als Ursache der Scheidung angeführt, dann hängt die Scheidung nicht mehr vom Aufhören des Konsenses ab, sondern vom Willen des Gesetzes. Dies aber zwingt logischerweise zur Annahme des Initialkonsenses. Dazu ROBLEDA: *SDHI* 37 (1971) 347. Nach KASER: *SZ* 88 (1971) 434, wird hier die Rechtsordnung durchbrochen. Dies ist aber nur unter Voraussetzung eines Initialkonsenses möglich.

die *ars ludrica,* dann wird der Senator gezwungen, die Scheidung zu vollziehen.

Das *impedimentum superveniens* beendet also nicht in jedem Fall die Ehe. Dies weist darauf hin, daß die Auflösung der Ehe nicht im Aufhören des Konsenses, sondern im Willen des Gesetzes begründet ist. In Gai. 1, 61 und in C. 5, 4, 28 pr. wird die Ehe getrennt, weil sie grundsätzlich scheidbar ist. In D. 23, 2, 44, 6 bleibt die Ehe bestehen, weil sie durch einen Initialkonsens zustandekommt und durch das *impedimentum superveniens* an der Fortdauer nicht gehindert werden kann[14].

Deshalb liefern die *impedimenta supervenientia* kein Argument für die These vom Kontinuativkonsens. Nach D. 23, 2, 44, 6 bleibt die Ehe erhalten, obwohl der Konsens kontinuativ sein soll, und sie wird aufgelöst nach C. 5, 4, 28 pr., obwohl der Konsens initial ist[15].

§ 21. Die Auflösung der Ehe durch den Willen des paterfamilias

In der Auseinandersetzung mit Solazzi hat Volterra gezeigt, daß auch die Ehe der *filia* durch den Konsens hervorgebracht wird. Soll dieser aber wirksam werden, muß der Konsens des Vaters hinzukommen. Nach den gründlichen Forschungen von Volterra[16] kann niemand mehr die initiale Struktur des väterlichen Konsenses bestreiten. Die Auseinandersetzung beschäftigt sich nur noch mit der Frage, ob der Vater die Ehe seiner Tochter lösen kann oder nicht.

Da Volterra[17] bei all seinen Überlegungen vom Kontinuativkonsens der Tochter ausgeht, kann er dem Vater keine Ermächtigung zugestehen, die Ehe seiner Tochter zu trennen. Eine solche

---

[14] Vgl. ROBLEDA, *El matrimonio* 251.
[15] VOLTERRA, *Il matrimonio romano* 335, schreibt « L'abrogazione di questi casi risponde pienamente alla nuova concezione del matrimonio, il quale in quanto posto in essere da una manifestazione iniziale di volontà non può essere sciolto dal cambiamento della situazione giuridica dei coniugi o della loro volontà ». Dagegen steht die Tatsache, daß die Adoptivverwandtschaft den Personenstatus nicht ändert und daß Justinian in Nov. 123, 40 (546) einen neuen Fall der Eheauflösung einführt: *Si vero constante adhuc matrimonio aut vir solus aut uxor sola intraverit in monasterium, solvatur matrimonium et citra repudium, postquam tamen persona pergens ad monasterium schema perceperit.*
[16] Besonders: *RIDA* 1 (1948) 213-242.
[17] *RIDA* 1 (1948) 232.

Vollmacht würde zu der Annahme zwingen, daß auch der Konsens der Tochter wie der des Vaters initial ist [18].

Es scheint, daß der Gelehrte in seiner Argumentation die Quellen zu wenig berücksichtigt. Wie aus PS 5, 6, 15:

> Bene concordans matrimonium separari a patre divus Pius prohibuit,

entnommen werden muß, kann der Vater die Ehe seiner Tochter trennen, und zwar bis Antoninus Pius. Dieser hat dem Vater die Ermächtigung nicht mehr zugestanden [19].

Aus der Tatsache, daß dem Vater die von Volterra verneinte Scheidungsbefugnis zusteht, ist auf einen Initialkonsens zu schließen.

Volterra spricht dem Vater die Vollmacht, die Ehe seiner Tochter aufzulösen ab, weil der Konsens der Tochter kontinuativ ist. Die Quellen räumen aber dem Vater die Möglichkeit der Ehetrennung ein. Daraus folgt, daß der Konsens der Tochter nicht kontinuativ sein kann.

Nach Longo Gian. [20] vermag der Vater die Ehe seiner *filia* zu trennen, wenn auch dazu sein Konsens allein nicht genügt; denn der Vater hat einen Initialkonsens abgegeben und hat damit keine Möglichkeit mehr, auf den Konsens der Tochter einzuwirken. Ein solches Recht würde ebenfalls auf seiten des Vaters einen Kontinuativkonsens voraussetzen.

Dagegen hat Robleda [21] darauf aufmerksam gemacht, daß

---

[18] Vgl. VOLTERRA, *Il matrimonio romano* 200: « Per accettare la tesi del Solazzi sarebbe necessario ammettere che il matrimonio dei filiifamilias fosse fondato su di una volontà iniziale (quella del paterfamilias) e quindi immaginare che differisse profondamente non solo nella sua struttura, ma anche nella sua concezione, dal matrimonio delle persone sui iuris ».

[19] Paulus spricht von Antoninus Pius. Diocletian und Maximian sprechen von Marc Aurel (C. 5, 17, 5, a. 294). Ulpian nennt Septimius Severus und Caracalla (D. 24, 1, 32, 19). Manche Texte beziehen die Vollmacht des Vaters auf die Ehe der *filiafamilias* (C. 5, 17, 5; D. 24, 1, 32, 19; 43, 30, 1, 5; Frag. Vat. 116). Andere Texte reden allgemein: PS 2, 19, 2; 5, 6, 15. Näheres bei ROBLEDA: *Per* 58 (1969) 370 mit Anm.; ders., *El matrimonio* 252-254.

[20] *BIDR* 40 (1932) 207 Anm. 7 = *Ricerche* 285 Anm. 7. Der Autor läßt die Ehe durch ein materielles und ein spirituelles Element zustandekommen. Er erklärt die Scheidungsbefugnis des Vaters damit, daß er ihm das Recht zugesteht, die Tochter aus der Lebensgemeinschaft mit ihrem Manne zurückzuholen. So auch SANFILIPPO, *Ist.* 5. Aufl. (1964) 151.

[21] Die Ehetrennung hängt von einer Ursache ab, die außerhalb des Willens der Tochter liegt. Der Kontinuativkonsens verträgt keine solche Ursache.

diese Argumentation nur dann gilt, wenn der Konsens der Tochter wirklich kontinuativ ist, wofür auch Longo (G) keinen Beweis erbringt.

Die quellenmäßig gesicherte Auflösung der Ehe durch den
Willen des Vaters setzt einen Initialkonsens voraus. Der Kontinuativkonsens bietet dafür keine hinreichende Erklärung, wie
aus der Beschäftigung mit Volterra und Longo (G) hervorgeht.

6. Kapitel: Die Nichtigkeit der Ehe

Die Juristen sprechen immer wieder von der Nichtigkeit
der römischen Ehe. Im vorliegenden Kapitel sollen die Terminologie, die Quellen und der Sinn der Nichtigkeit untersucht
werden, um zu sehen, ob « nichtige Ehe » in Klassik und Nachklassik das gleiche bedeutet.

§ 22. Zur Terminologie der Nichtigkeit

Die Quellen kennen eine reichhaltige Terminologie, um die
Nichtigkeit der Ehe zu bezeichnen:

prohibere [1], *non posse* [2], *non esse* [3], *non licere* [4], *non haberi* [5],
non consistere [6], *non contrahere* [7], *non stare* [8], *impedire* [9], *nullius
momenti* [10], *contra leges* [11], *contra mandata* [12], *contra interdictum* [13], *non sinere* [14], *irritum est* [15].

---

[1] D. 23, 2, 17, 2: Gai.; eod. 39, 1: Paul.; eod. 44, 1: Paul.; eod. 64, 1:
Call.; eod. 67 pr.: Tryph.

[2] D. 1, 6, 8 pr.: Ulp.; 23, 2, 5: Pomp.; eod. 8: Pomp.; eod. 12, 1: Ulp.;
eod. 28: Marci.; eod. 39: Paul.; eod. 45 pr.: Ulp.

[3] D. 23, 1, 9: Ulp.; 23, 2, 16 pr.: Paul.; eod. 27: Ulp.; eod. 42, 1: Mod.;
eod. 63: Pap.; 24, 1, 3, 1: Ulp.

[4] D. 23, 2, 14, 4: Paul.; 24, 1, 32, 27: Ulp.

[5] D. 23, 2, 18: Iul.; 24, 2, 11: Ulp.

[6] Gai. 1, 61; D. 23, 2, 2: Paul.

[7] D. 23, 2, 11: Iul.; eod. 35: Pap.; 42, 5, 17, 1: Ulp.

[8] D. 34, 9, 13: Pap.

[9] Gai. 1, 61; D. 23, 2, 17 pr.: Gai.; eod. 60, 4: Paul.; 24, 1, 3, 1: Ulp.

[10] D. 23, 2, 30: Gai.

[11] D. 48, 5, 25, 3: Mac.

[12] D. 23, 2, 65, 1: Paul.

[13] D. 23, 2, 63: Pap.

[14] D. 23, 2, 16, 2: Paul.

[15] D. 39, 5, 31 pr.: Pap.; C. 5, 4, 13: Imp. Diocl.

Die römischen Juristen verwenden für die nichtige Ehe diesel-
ben Bezeichnungen wie für das nichtige Rechtsgeschäft [16]. Ein
Faktum existiert oder existiert nicht. Von ihm kann man nicht
sagen, es sei nichtig. Manche Gelehrte haben dies erkannt. Weil
sie die Ehe gleich dem Besitzerwerb als Faktum betrachten,
meinen sie: Für die Nichtigkeit oder prätorische Hilfe sei schwerlich ein Bedürfnis vorhanden [17].

Es fällt auf, daß die römischen Juristen immer wieder von
der nichtigen Ehe, aber nie vom nichtigen Besitz sprechen. Wenn
der Besitz als Faktum nicht nichtig sein kann, dann beweist
das Sprechen von der nichtigen Ehe, daß die Ehe kein Faktum ist [18].

§ 23. Die Ursachen der nichtigen Ehe

Das römische Recht kennt zwei Ursachen der nichtigen Ehe:
die Willensmängel und die Übertretung des Gesetzes.

Es erhebt sich die Frage, ob sie die These vom Kontinuativkonsens stützen.

I. WILLENSMÄNGEL

Hier sollen drei Willensmängel behandelt werden: *furor*,
simulatio und *metus*.

A. *furor*

Der *furiosus* kann keine Ehe eingehen, weil er keinen Willensakt erwecken kann [19]. Aus dem gleichen Grunde vermag er
auch kein Rechtsgeschäft abzuschließen:

---

[16] *non esse* (D. 12, 1, 18 pr.: Ulp.); *nulla est* (D. 18, 1, 9 pr.: Ulp.);
nullius momenti esse (D. 24, 1, 3, 4: Ulp.).

[17] So u. a. JÖRS-KUNKEL-WENGER 109 Anm. 20.

[18] Es läßt sich nun einmal nicht leugnen, daß die römischen Juristen
von der nichtigen Ehe sprechen. Deshalb kann der Verfasser den Ausführungen VOLTERRAS nicht zustimmen. Der Gelehrte, *Studi Scherillo* II
446, schreibt: « Come non potevano concepire una possessio nulla o an-
nullabile, così non potevano configurare la nullità o l'annullabilità (nel
senso giuridico che noi moderni attribuiamo a questo termine) di un matrimonio ».

[19] Vgl. dazu D. 1, 6, 8 pr.: Ulp.; 23, 2, 16, 2: Paul.; PS 2, 19, 7; ferner
GAUDEMET: *RIDA* 2 (1949) 318 = *Mél. De Visscher* I, 318; ROBLEDA, *El matrimonio* 100.

D. 46, 1, 70, 4 (Gai. 1 de verb. obligationibus): Si a furioso stipulatus fueris, non posse te fideiussorem accipere certum est, quia non solum ipsa stipulatio nulla intercessisset, sed ne negotium quidem ullum gestum intelligitur.

D. 44, 7, 1, 12 (Gai. 2 aur.): Furiosum, sive stipulatur sive promittat, nihil agere natura manifestum est.

Gai. 3, 106: Furiosus nullum negotium agere potest, quia non intelligit quid agat.

D. 50, 17, 5 (Paul. 2 ad Sab.): Nam furiosus nullum negotium contrahere potest.

Sowohl für die Unfähigkeit zur Eheschließung als auch für die Geschäftsunfähigkeit wird das Fehlen der Willenszustimmung angegeben. Dies geht deutlich aus einem Vergleich von D. 23, 2, 16, 2: *Furor contrahi matrimonium non sinit, quia consensu opus est*, mit D. 50, 17, 40: *Furiosi vel eius, cui bonis interdictum sit, nulla voluntas*, hervor.

Der *furiosus* kann keine Ehe zustande bringen, weil er einen Konsens braucht (*quia consensu opus est*). Ihn vermag er nicht zu erwecken, weil er keinen Willen hat (*nulla voluntas est*).

B. *simulatio*

Immer wieder kommt in der Fachliteratur das Gespräch auf die simulierte Ehe. Darüber braucht sich niemand zu wundern; denn die Quellen selbst reden von der Simulation:

D. 23, 2, 30 (Gai. 2 ad leg. Iul. et Pap.): Simulatae nuptiae nullius momenti sunt.

Partsch[20] versteht unter Simulation der Ehe das Fehlen eines objektiven Elementes. Entweder leben Mann und Frau zusammen, ohne das *conubium* zu haben, oder sie leben nicht zusammen und behaupten, verheiratet zu sein.

Partsch ist zu erwidern: In beiden Fällen ist der Akt nicht voll konstituiert. Deshalb kann von der Simulation keine Rede sein.

Nach Pugliese[21] ist die simulierte Ehe nicht nichtig, sondern nur unwirksam im Hinblick auf die augusteische Gesetzgebung. Dagegen steht die Tatsache, daß Gaius den Ausdruck *nullius momenti* verwendet. Damit bezeichnen die Quellen nie den unwirksamen, sondern immer den nichtigen Akt[22].

---

[20] *SZ* 42 (1921) 253.
[21] *La simulazione* 205.
[22] So wird *nullius momenti* u. a. von folgenden Rechtsakten ausgesagt:

Longo Gian. [23] und Orestano [24] verstehen unter Simulation das Auseinanderfallen von innerem Willen und äußerer Kundgabe. Nach außen hin will der Simulant die Ehe, aber in seinem Inneren will er sie nicht. In diesem Kontext bedeutet das *nullius momenti*: Der Akt ist nichtig, weil der Konsens nicht erweckt wird.

Wäre die Ehe ein Faktum, dann hätte D. 23, 2, 30 keinen Sinn; denn ein Faktum kann nicht simuliert werden [25].

C. *metus*

Die Frage, ob die erzwungene römische Ehe gültig oder nichtig ist, hat eine sehr verschiedene Antwort erfahren [26]. Sie hängt von der Interpretation des wichtigsten Textes ab:

> D. 23, 2, 22 (Cels. 15 dig.): Si patre cogente ducit uxorem, quam non duceret, si sui arbitrii esset, contraxit tamen matrimonium, quod inter invictos non contrahitur: maluisse hoc videtur.

Mit anderen Autoren [27] hält auch Orestano [28] die erzwungene Ehe für gültig. Er begründet diese seine Ansicht mit dem Kontinuativkonsens folgendermaßen:

---

sententia (D. 2, 12, 1, 1: Ulp.), *transactio* (D. 2, 15, 8, 23: Ulp.), *donatio* (D. 24, 1, 32, 14: Ulp.; eod. 35: Ulp.; eod. 64: Iav.), *emptio* (D. 26, 8, 5, 2: Ulp.), *testamentum* (D. 28, 2, 13, 2: Iul.), *legatum* (D. 29, 7, 14 pr.: Scaev.), *stipulatio* (D. 44, 7, 31: Maec.), *acceptilatio* (D. 46, 4, 8 pr.: Ulp.).

[23] *Studi Riccobono* III, 128 = *Ricerche* 16; dazu auch der Artikel VON LONGO G.: *AG* 115 (1936) 117-132; 116 (1936) 35-64 = *Ricerche* 51-72.

[24] *Struttura* I, 372-377.

[25] Wer die Ehe wie den Besitz als Faktum beschreibt, muß erklären, warum die Juristen zwar von den *simulatae nuptiae*, aber nie von der *simulata possessio* reden.

[26] WYSZYŃSKI, 22-32, bietet eine ausgezeichnete Zusammenstellung der verschiedenen Interpretationen.

[27] Vgl. u. a. v. LÜBTOW 23; SANFILIPPO, *Ist.* 5. Aufl. (1964) 92; GAUDEMET: *RIDA* 2 (1949) 319 = *Mél. De Visscher* I, 319; JÖRS-KUNKEL-WENGER 109. BESELER: *SZ* 44 (1924) 394, spricht von einem *metus reverentialis*. Später hat er seine Meinung geändert und redet von einem « regelrechten Zwang »: *Juristische Wochenschrift* 1932, III, B, 3758.

[28] *Struttura* I, 368: « L'elemento della volontà nel matrimonio dovette pertanto apparire ai romani completamente incoercibile ... oppure matrimonio e coazione erano termini che, dal punto di vista giuridico, non potevano coesistere ». Zustimmend GAUDEMET: *RIDA* 2 (1949) 319 = *Mél. De Visscher* I, 319; ders. *Jura* 4 (1953) 353-354. Dagegen HARTKAMP, 98; « Auch allgemeine Überlegungen über das Verhältnis zwischen Zwang und dem für die Eheschließung benötigten *consensus* bringen uns nicht weiter ».

Der Initialkonsens bringe die Ehe in einem Augenblick hervor. Aus diesem Grunde könne der Sohn der Drohung widerstehen und keinen Konsens abgeben. Deshalb sei die Ehe ungültig.

Aus der Gültigkeit der erzwungenen Ehe müsse gefolgert werden, daß der Sohn den Konsens erweckt habe. Dies setze eine Konsensstruktur voraus, die keinen Zwang zulasse. Einer solchen Forderung entspreche der Kontinuativkonsens. Da er in jedem Augenblick hervorgebracht wird, müßte auch der Drohung ununterbrochen widerstanden werden.

Der Sohn sei jedoch dazu nicht in der Lage. Er müsse den Widerstand aufgeben und den Konsens kundtun.

Orestanos Ausführungen vermögen nicht zu überzeugen. Vor allem spricht dagegen:

a) Es ist nicht zwingend, aus der Gültigkeit der Ehe einen Kontinuativkonsens zu folgern; denn auch unter Voraussetzung eines Initialkonsenses kann der Widerstand gegen die Drohung aufgegeben werden, so daß eine gültige Ehe zustandekommt.

b) Die vorgetragene Argumentation ist nur dann zwingend, wenn nachgewiesen werden kann, daß jemand für die Dauer seiner Ehe unter dem Einfluß einer Drohung steht. Ein solcher Nachweis läßt sich nicht erbringen.

c) D. 23, 2, 22 setzt sich nicht mit der Vereinbarkeit von Ehe und Zwang auseinander. Der Text stellt nur fest: Wenn der Sohn *patre cogente* den Konsens erweckt hat, dann hat er die Ehe geschlossen (*contraxit tamen matrimonium*). Hat er aber der Drohung Widerstand geleistet und keinen Konsens erweckt, dann hat er auch keine Ehe begründet (*quod inter invitos non contrahitur*). D. 23, 2, 22 beweist nur, daß der Konsens die einzige Ursache der Ehe ist[29].

Volterra[30] versucht ebenfalls, aus der Gültigkeit der Ehe eine Stütze für den Kontinuativkonsens zu gewinnen. Dabei geht er von folgender Überlegung aus:

Eine Drohung habe nur einen zeitlichen Effekt. Lasse sie nach, dann könnten die Partner auseinandergehen oder zusam-

---

[29] Damit folgt der Verfasser der Interpretation von ROBLEDA, *El matrimonio* 105-106. Er argumentiert so: D. 23, 2, 21 (Terent. Clem.): *Non cogitur filius familias uxorem ducere*, steht unmittelbar vor dem Text des Celsus. Zwischen beiden Texten kann es keinen Widerspruch geben. In D. 23, 2, 21 widersteht der *filius* und leistet keinen Konsens. In D. 23, 2, 22 gibt er den Widerstand auf und erweckt den Konsens. Vgl. auch C. 5, 4, 12; eod. 14. Anders DI SALVO: *Index* 2 (1971) 382. Dagegen ROBLEDA: *SDHI* 37 (1971) 344.

[30] *Il matrimonio romano* 205; *Jura* 14 (1963) 350.

menbleiben. Blieben sie zusammen, dann sei dies ein Zeichen, daß sie einen freien Konsens abgegeben hätten, von dessen Kontinuität nun die Ehe abhänge.

Diese Theorie findet der Gelehrte in D. 23, 2, 22 bestätigt: Ein *filiusfamilias* wird gezwungen, eine Frau zu nehmen, die er nicht nähme, wenn er nicht unter dem Einfluß einer Drohung stünde. Bleibt er nach Wegfall der Drohung bei seiner Frau, dann ist dies ein Zeichen, daß er einen Konsens gesetzt hat, der noch andauert: also einen Kontinuativkonsens.

Volterras Interpretation ist auch mit dem Initialkonsens zu vereinbaren.

Angenommen der *filius* widersteht von Anfang an dem Zwang und bleibt ein *invitus*, dann kommt keine Ehe zustande, ganz gleich ob dieser als kontinuativ oder initial beschrieben wird.

Lebt der *filius* nach Aufhören der Drohung weiterhin mit der Frau zusammen, dann bedeutet dies, daß er den Konsens erweckt hat. Dieser muß nicht kontinuativ sein, denn auch ein Initialkonsens erklärt die Fortdauer der Ehe. Sie ist noch nicht durch Konsenswiderruf aufgelöst.

Als Ergebnis kann festgehalten werden:

Die Diskussion um D. 23, 2, 22 zeigt nur, daß die Ehe allein durch den Konsens hervorgebracht wird. Aus der Gültigkeit oder Ungültigkeit der erzwungenen Ehe läßt sich keine bestimmte Konsensstruktur eruieren. Darauf weisen auch die unterschiedlichen Auffassungen der Autoren hin [31].

Nach dem Verfasser ist die erzwungene Ehe des *filius* nichtig, wenn dieser ein *invitus* bleibt. *Inter invitos* wird keine Ehe geschlossen. Leistet aber der *filius* den Konsensakt (*ducit uxorem*), dann ist die Ehe gültig, weil der *filius* trotz des Zwanges die Ehe will.

Wenn die erzwungene Ehe deswegen gültig sein soll, weil

---

[31] So verteidigen u. a. KASER, *RP* I 2. Aufl. 315, und JÖRS-KUNKEL-WENGER, 109, die Nichtigkeit der erzwungenen Ehe, obwohl sie einen Kontinuativkonsens annehmen. Unter der gleichen Voraussetzung vertreten u. a. ORESTANO, *Struttura* I 369, und VOLTERRA: *Jura* 14 (1963) 350, die Gültigkeit einer solchen Ehe. WYSZYŃSKI, 45, versucht, aus der Gültigkeit der erzwungenen Ehe in der Klassik einen Kontinuativkonsens und aus der Nichtigkeit der erzwungenen Ehe in der Nachklassik einen Initialkonsens zu folgern. Aus der Nichtigkeit kann sicher ein Initialkonsens erschlossen werden. Aus der Gültigkeit der Ehe kann man aber nicht auf einen Kontinuativkonsens schließen; denn LONGO C.: *BIDR* 42 (1934) 68-128, hat nachgewiesen, daß die erzwungenen Rechtsgeschäfte in der Nachklassik gültig waren. Zum Problem des erzwungenen Rechtsgeschäftes vgl. ROBLEDA, *La nulidad* 328.

die Ehe ein Faktum ist, dann zeigt die Nichtigkeit der Ehe, daß diese kein Faktum sein kann. Nur ein Rechtsgeschäft ist nichtig.

II. Übertretung des Gesetzes

Es gibt Gesetze, die die Heirat zwischen bestimmten Personen verbieten. Sind diese Gesetze zu den *leges prohibentes* oder zu den *leges dirimentes* zu zählen? An Hand von Quellen soll dieser Frage nachgegangen werden.

A. *minor aetas*

Nach D. 23, 2, 4 (Pomp. 3 ad Sab.) gilt: Minorem annis duodecim nuptam tunc legitimam uxorem fore, cum apud virum explesset duodecim annos.

Heiratet ein Mädchen vor Vollendung des 12. Lebensjahres, dann ist es nicht *legitima uxor*. Es wird erst eine solche, wenn es die Ehemündigkeit erreicht. Die Quellen gebrauchen den Ausdruck *non esse*[32]. Deutlicher kann die Nichtigkeit der Ehe nicht ausgesprochen werden[33].

B. *ordo senatorius*

Gemäß D. 23, 2, 44, 1 ist dem Senator verboten, eine Freigelassene zu ehelichen. Unter den Autoren[34] wird darüber diskutiert, ob die Übertretung des Gesetzes die Nichtigkeit bedingt.

Textlich gesichert ist, daß seit der Oratio des Marc Aurel die Ehe der Senatorentochter mit einem *libertinus* nichtig ist:

> D. 23, 2, 16 pr. (Paul. 35 ad ed.): Oratione divi Marci cavetur, ut, si senatoris filia libertino nupsisset, nec nuptiae essent: quam et senatus consultum secutum est.

Deshalb wird die Oratio als Beweis für die Nichtigkeit der Ehe zwischen den genannten Personen angeführt.

Man wird aber jenen Autoren[35] zustimmen müssen, die behaupten, daß die Oratio nichts an der augusteischen Gesetzge-

---

[32] Vgl. D. 24, 1, 32, 27: Ulp.; 42, 5, 17, 1: Ulp.

[33] Vgl. KUNKEL: *RE* XIV, 2264-2265; GAUDEMET: *RIDA* 2 (1949) 317 = *Mél. De Visscher* I, 317; KASER, *RP* I, 2. Aufl. 314.

[34] Vgl. dazu ROBLEDA, *El matrimonio* 194 mit Anm. 134.

[35] Vgl. NARDI 24-40; ders.: *SDHI* 7 (1941) 112-146; VOLTERRA, *Il matrimonio romano* 349. Dagegen u. a. ERDMANN: *SZ* 59 (1939) 620; JÖRS-KUNKEL-WENGER 276; GAUDEMET: *RIDA* 2 (1949) 330-336 = *Mél. De Visscher* I, 330-336; anders KASER, *RP* I, 2. Aufl. 319.

bung geändert hat, sondern daß das augusteische impedimentum in einem speziellen Fall urgiert wird. Die Ehe der *filia senatoris* mit einem *libertinus* ist schon kraft des Gesetzes des Kaisers Augustus nichtig.

Aus D. 23, 2, 31 (Ulp. 6 ad leg. Iul. et Pap.):

> Si senatori indulgentia principis fuerit permissum libertinam iustam uxorem habere, potest iusta uxor esse,

ergibt sich ein doppeltes Argument für die Nichtigkeit: Wo von einer Dispens die Rede ist, handelt es sich um ein *impedimentum iuridicum;* denn von einer moralischen Norm wird nicht dispensiert [36]. Wird vom *impedimentum* nicht dispensiert, dann ist die Frau auch nicht *iusta uxor,* d. h. sie lebt nicht in einem *iustum matrimonium* [37]. Es handelt sich also um eine echte Nichtigkeit.

Auch aus D. 23, 2, 27 geht hervor, daß die Verbindung zwischen der *libertina* und dem Senator keine Ehe ist. Es wird nämlich gesagt, während der Amtszeit sei die Frau nicht *uxor,* nach Niederlegung des Amtes beginne sie aber *uxor* zu sein.

Wie die Quellen zeigen, handelt es sich bei D. 23, 2, 44, 1 nicht um eine *lex prohibens;* sondern um eine *lex dirimens;* denn die gesetzeswidrige Ehe ist nichtig [38].

C. *matrimonium contra mandata*

Contra mandata kann keine gültige Ehe geschlossen werden, wie sich aus den Quellen ergibt:

> D. 24, 1, 3, 1 (Ulp. 32 ad Sab.): Sed si aliquod impedimentum interveniat, ne sit omnino matrimonium, donatio valebit: ergo si senatoris filia libertino contra senatus consultum nupserit, vel provincialis mulier ei, qui provinciam regit vel qui ibi meret, contra mandata, valebit donatio, quia nuptiae non sunt.

Ulpian stellt fest, daß die Geschenke gültig sind, wenn ein *impedimentum* vorliegt, das keine Ehe zustandekommen läßt. Deshalb ist das Geschenk gültig, wenn die Senatorentochter *contra*

---

[36] Dazu die Ausführungen bei ROBLEDA, *El matrimonio* 217-218.

[37] Der Ausdruck *non esse* wird oft von der *minor duodecim annis nupta* gebraucht, so in D. 23, 2, 4: Pomp.; 24, 1, 32, 27: Ulp.; 42, 5, 17, 1: Ulp. Hier kann nur die Nichtigkeit der Ehe gemeint sein. Auch in D. 23, 2, 16 (Paul.) kann mit dem *nec nuptiae essent* nur die Nichtigkeit ausgesagt sein. Vgl. ferner D. 23, 2, 27: Ulp.; eod. 63: Pap.

[38] Zur Auseinandersetzung mit SOLAZZI, der anderer Meinung ist, vgl. ROBLEDA, *El matrimonio* 217 mit Anm 224.

senatus consultum oder die Frau aus der Provinz *contra mandata* geheiratet hat. In beiden Fällen lautet die Begründung dafür: *quia nuptiae non sunt* [39].

Nach D. 23, 2, 65, 1 sind die Kinder, die aus einem *matrimonium contra mandata* entstammen, illegitim; denn erst wenn die Ehe gültig wird, folgt:

> et ideo postea liberos natos ex iusto matrimonio legitimos esse.

Da die Legitimität Effekt eines *iustum matrimonium* ist [40], muß aus der Illegitimität der Kinder auf eine nichtige Ehe geschlossen werden.

Zusammenfassend kann man sagen: Die aufgeführten Gesetze gehören zu den *leges dirimentes*, nicht zu den *leges prohibentes*, weil die Übertretung der Gesetze die Nichtigkeit der Ehe bedingt.

§ 24. Der Sinn der Nichtigkeit

Von Nichtigkeit wird dann gesprochen, wenn der Akt keinen Effekt erzielt. Dies kann den Grund darin haben, daß dem Akt ein wesentliches Element (Ursache, Material-oder Formalobjekt) fehlt. Er existiert überhaupt nicht und wird als *actus inexsistens* bezeichnet. Die Nichtigkeit kann aber auch darin begründet sein, daß der Akt die Bedingungen des positiven Rechts nicht erfüllt. Hinsichtlich seiner wesentlichen Elemente ist er voll konstituiert, aber er bringt keine Wirkung hervor. Es handelt sich um einen unwirksamen Akt, um einen *actus nullus*.

Die Unterscheidung zwischen *actus inexsistens* und *actus nullus* kann auch auf die Ehe angewendet werden. Es erhebt sich die Frage, ob die Klassik unterscheidet zwischen *matrimonium inexsistens* und *matrimonium nullum*. Die Antwort gibt Aufschluß über die Natur des Konsenses.

---

[39] ERDMANN: *SZ* 59 (1939) 620, vertritt wegen der « deutlichen Sprache » in D. 24, 1, 3, 1 (Ulp.) und in D. 25, 2, 17 pr. (Ulp.) die Nichtigkeit der Ehe des Provinzialbeamten. Vgl. auch CORBETT 42 und KASER, *RP* I, 2. Aufl. 319; anders GAUDEMET: *RIDA* 2 (1949) 342 = *Mél. De Visscher* I, 342. Dagegen ROBLEDA, *El matrimonio* 219. Seine Argumente überzeugen. Zur Frage der *dos* vgl. ORESTANO, *Studi Bonolis* I, 9-58.

[40] Vgl. Gai. 1, 66 ff.

I. matrimonium inexsistens

Auf Grund der Quellen kommen die Autoren [41] zu der Überzeugung, daß der Klassik das *matrimonium inexsistens* bekannt ist.

a) Der *furiosus* kann keine Ehe eingehen:

> D. 1, 6, 8 pr. (Ulp. 26 ad Sab.) ... nam furiosus licet uxorem ducere non possit ...
> PS 2, 19, 7: Neque furiosus neque furiosa matrimonium contrahere possunt.

Es wird nicht gesagt, daß die Ehe nicht existent ist. Aus der Terminologie läßt sich darüber nichts entnehmen. In D. 23, 2, 38 und in D. 3, 2, 11, 1 bezeichnet *non posse* die einfache Nichtigkeit. Den gleichen Sinngehalt hat auch *contrahere* in PS 2, 19, 2.

Trotzdem besteht kein Zweifel darüber, daß die Römer die Ehe des *furiosus* als nicht existent betrachten. Der Beweis stützt sich auf zwei Fakten:

Zum Eheabschluß ist der Konsens notwendig. Der *furiosus* kann aber keinen Konsens leisten. Gaius erklärt treffend:

> D. 44, 7, 1, 12 (2 aureorum): Furiosum, sive stipulatur sive promittat, nihil agere natura manifestum est.

Das *nihil agere* besagt doch, daß der Akt des *furiosus* nur materiell gesetzt ist. Er bringt keinen Effekt hervor. Juridisch ist der Akt nicht existent. Wo nämlich die Ursache des Aktes nicht vorhanden ist, da existiert auch der Akt nicht.

Das zweite Argument entstammt der Tatsache, daß nach den Quellen die Ehe des *furiosus* nicht geheilt wird. Warum? Eben weil sie nicht existiert. Wenn aus der Möglichkeit einer Heilung der Ehe die einfache Nichtigkeit erschlossen wird, dann muß aus der Unmöglichkeit einer solchen Heilung die Nichtexistenz folgen [42].

b) Nicht existierend ist die simulierte Ehe:

> D. 23, 2, 30 (Gai. 2 ad leg. Iul. et Pap.): Simulatae nuptiae nullius momenti sunt.

Die Eheschließung ist vollzogen. Trotzdem erzeugt sie keine Wirkung; denn die *nuptiae* sind *nullius momenti*. Longo Gian. [43]

---

[41] Vgl. u. a. KUNKEL: *RE* XIV, 2265; GAUDEMET: *RIDA* 2 (1949) 318 = *Mél. De Visscher* I, 318; VOLTERRA: *Jura* 14 (1963) 351.
[42] Vgl. dazu ROBLEDA, *Studi Donatuti* III, 1133-1134; 1148.
[43] *Studi Riccobono* III, 128 = *Ricerche* 16.

und Orestano [44] verstehen unter Simulation das Auseinanderklaffen von innerer Willenszustimmung und äußerer Willenskundgabe. Nach außen hin will der Simulant die Ehe, aber in seinem Inneren will er sie nicht. Da der innere Wille Ursache der Ehe ist, bedingt sein Fehlen die Nichtexistenz [45]. Wer dem nicht zustimmt, muß erklären, wie eine Ehe existieren kann, wenn ihre Ursache nicht vorhanden ist.

c) Nach D. 23, 2, 21 ist die Ehe nichtig, wenn der unter Zwang stehende filius ein *invitus* bleibt. Das *invitus* kann nur beinhalten: Der *filius* leistet keinen Konsensakt. Die formale Interpretation wird durch die materiale bestätigt.

Wenn der *filius* den Konsens abgibt (*ducit uxorem*), dann schließt er die Ehe (*contraxit tamen matrimonium*), weil er die Ehe will. Das *contrahere matrimonium* heißt also: *malle matrimonium*. Deswegen besagt *invitus* sein: *nolle matrimonium*. Wo aber der Wille zur Ehe fehlt, da ist nichts, was die Ehe hervorbringen könnte. Sie existiert nicht [46].

II. *matrimonium nullum*

Die Quellen kennen Fälle, in denen der Konsens gesetzt ist. Er kann aber wegen eines Hindernisses des positiven Rechts nicht wirksam werden. Deshalb ist die Ehe nichtig, d. h. sie ist *in concreto* nicht vorhanden. Fällt das Hindernis weg, dann entfaltet der Konsens seine Virtualität und bringt ohne weiteres die Ehe hervor. Er muß also noch andauern, sonst kann er nicht wirksam werden [47].

Die Verteidiger des Kontinuativkonsenses erklären das Andauern in ihrem Sinne. Wegen des entgegenstehenden *impedimentum* könne der Konsens keinen Effekt haben. Die Ehe existiere nicht. Deshalb handle es sich nicht um ein *matrimonium nullum*, sondern um ein *matrimonium inexsistens* [48].

---

[44] *Struttura* I, 372-377.

[45] Vgl. ORESTANO, *Struttura* I, 375: « E in relazione a ciò, anziché parlare in generale di una nullità del negozio simulato, parlerei, per il caso specifico dell'unione non qualificata dall'affectio maritalis, di un'inesistenza del matrimonio ». Auch GAUDEMET vgl. Anm. 41; besonders ROBLEDA, *Studi Donatuti* III, 1133-1134.

[46] Vgl. ROBLEDA, *El matrimonio* 106 Anm. 138; ders.: *SDHI* 37 (1941) 344; ders., *Studi Donatuti* III, 1136-1138.

[47] Die Ehe des *furiosus*, des Simulanten und des *invitus* kann nie gültig werden. Hier fehlt etwas, was zur abstrakten Definition der Ehe gehört und in jeder konkreten Ehe verwirklicht sein muß. Die Tatsache, daß die eine Ehe gültig werden kann, die andere nicht, weist auf einen unterschiedlichen Bedeutungsgehalt von Nichtigkeit hin.

[48] Vgl. GAUDEMET: *RIDA* 2 (1949) 317 = *Mél. De Visscher* I, 317.

Hinter dieser Argumentation verbergen sich zwei Fragen, die eng miteinander verknüpft sind:

1. Bietet der Kontinuativkonsens die einzige Möglichkeit, das Andauern des Konsenses zu erklären?

2. Kennt das römische Recht nur ein *matrimonium inexsistens?*

Die Verknüpfung beider Fragen liegt darin, daß das *matrimonium nullum* abgelehnt wird mit der Begründung, die Ehe entstehe durch einen Kontinuativkonsens. Sie stelle deshalb ein Faktum dar, von dem man nicht sagen kann, es sei nichtig [49]. Die Antwort auf vorstehende Fragen muß sich an den Quellen orientieren. Sie sollen nun geprüft werden:

a) Nach D. 23, 2, 4 wird die *minor annis duodecim nupta* dann *legitima uxor,* wenn sie das 12. Lebensjahr erreicht. Daraus geht hervor, daß das Mädchen vor Erreichung des 12. Lebensjahres keine *uxor* ist. Ihre Ehe ist nichtig. Sie wird aber geheilt mit dem Eintritt der *pubertas.* Wie? Die Heilung der Ehe ist nicht so zu denken, daß der einmal erweckte Konsens in jedem Augenblick fortdauert und daß dann das bloße additive Hinzukommen der *pubertas* genüge, um im Verein mit dem Konsens die Ehe zu schaffen. Richtig ist, daß der Konsens fortbestehen muß; denn es wird keine neue Konsensleistung gefordert. Da niemand imstande ist, stets das gleiche zu wollen, kann das Fortbestehen des Konsenses nicht heißen, er wird in jedem Augenblick neu gesetzt. Das Andauern des Konsenses beinhaltet: Er ist nicht positiv widerrufen. Diese Interpretation erfährt eine Bestätigung durch eine andere Überlegung. Alle Autoren nehmen an, daß die Ehe nicht vorhanden ist. Wie ist dies unter Voraussetzung eines Kontinuativkonsenses möglich? Erlaubt er die Trennung von Ursache und Wirkung? Wenn der Konsens die Ehe in jedem Augenblick hervorbringt, dann wird die Ehe in jedem Augenblick erzeugt. Negativ ausgedrückt: Wo keine Ehe ist, da gibt es auch keinen Konsens, der sie in jedem Augenblick im Sein erhält.

Die Heilung der nichtigen Ehe geschieht dadurch, daß der Konsens geheilt wird. Bei seiner Abgabe steht seiner Wirksamkeit ein Hindernis entgegen, der Mangel der *pubertas.* Mit Erreichung des 12. Lebensjahres wird dieses Hindernis beseitigt, so daß nun der einmal geleistete und inzwischen nicht zurückgenommene Konsens seine juridische Wirkung erzielen kann, die Ehe. Zum Konsens kommt nichts Positives hinzu; denn der

---

[49] Für alle vgl. VOLTERRA: *Studi Scherillo* II, 446-447.

Konsens, der die Ehe bewirkt, ist hinsichtlich seiner inneren
Konstitution der gleiche wie jener Konsens, der gesetzt wurde.
Auch wenn er keinen aktuellen Effekt erzielt, so verbietet die
Möglichkeit futurischer Effekte, die Ehe der *impuber* als nicht
existente Ehe zu bezeichnen. Was nicht existiert, läßt auch keine
Heilung zu [50].

b) Ein wichtiger Text findet sich bei

> D. 23, 2, 27 (Ulp. 3 ad leg. Iul. et Pap.): Si quis in senatorio
> ordine agens libertinam habuerit uxorem, quamvis interim uxor
> non sit, attamen in ea condicione est, ut, si amiserit dignitatem,
> uxor esse incipiat.

Der Text sagt, daß der Senator die *libertina* wirklich geheiratet
hat (*libertinam habuerit uxorem*). Sowohl auf seiten des Senators als auch auf seiten der *libertina* ist die *affectio maritalis*
vorhanden. Diese bewirkt aber nicht, daß die *libertina* Ehefrau
wird (*quamvis uxor interim non sit*). Trotzdem ist die *libertina*
in der Lage (*in ea condicione*), *uxor* zu werden, wenn der Senator das Amt niederlegt.

Dem Wirksamwerden der *affectio maritalis* steht ein *impedimentum* entgegen. Es fehlt eine *conditio iuris*, das positiv
rechtliche Element des *conubium*. Ist die Ehe nicht existent?
Keineswegs; denn die *affectio maritalis* ist vorhanden. Sonst
ließe sich nicht erklären, wie die Ehe nach Niederlegung des
Amtes ohne Konsenserneuerung gültig werden könnte. Dies setzt
doch voraus, daß der Konsens geleistet wurde. Er macht die
libertina zur *uxor*, d. h. er wird geheilt, indem auf seiten des
Senators der Mangel des *conubium* behoben wird.

Wegen dieses Mangels entbehrt der geleistete Konsens seiner Wirkung. Da die Ehe saniert werden kann (*uxor esse incipiat*),
kann es sich nicht um eine Nichtexistenz handeln; denn sie läßt
keine Sanierung zu.

Orestano [51] und Volterra [52] u. a. begründen die Heilung damit, daß der Konsens in jedem Augenblick abgegeben wird,
aber erst dann seine Wirkung entfaltet, wenn das *impedimentum*
aufhört.

---

[50] Vgl. ROBLEDA, *El matrimonio* 131. Anders GAUDEMET: *RIDA* 2 (1949)
318 = *Mél. De Visscher* I, 318. In der ganzen Argumentation wird vom Verfasser immer vorausgesetzt, daß die *minor annis duodecim nupta* zum
Zeitpunkt ihrer Konsensabgabe schon konsensfähig war. Vgl. KASER, *RP*
I, 2. Aufl. 314: « Die mit der Unmündigen geschlossene Ehe wird mit
ihrer pubertas gültig ». So auch KUNKEL: *RE* XIV, 2264.

[51] *Struttura* I, 352.

Mit dem bisher Gesagten wird die Argumentation schon widerlegt. Es widerspricht ihr auch die Tatsache, daß die gleiche Regelung auch für die Nachklassik gilt. Daraus ergibt sich die Forderung nach der gleichen Konsensstruktur. Da diese in der Nachklassik initial ist, kommt die Ehe durch den einmal abgegebenen und nicht zurückgenommenen Konsens zustande. Aus dem Text läßt sich für die Klassik nichts anderes beweisen. Deshalb ist die Ehe während der Amtszeit ein *matrimonium nullum.*

c) Heiratet ein Provinzialbeamter eine Frau aus der Provinz oder schließt eine Frau aus der Provinz mit einem Beamten die Ehe, dann ist die Ehe nichtig:

D. 23, 2, 63 (Pap. 1 def.): Praefectus cohortis vel equitum aut tribunus contra interdictum eius provinciae duxit uxorem, in qua officium gerebat: matrimonium non erit ...
D. 24, 1, 3, 1 (Ulp. 32 ad Sab.): Ergo si senatoris filia libertino contra senatus consultum nupserit, vel provincialis mulier ei, qui provinciam regit vel qui ibi meret, contra mandata, valebit donatio, quia nuptiae non sunt.

Eines steht fest: Die Ehe ist nichtig, weil sie *contra mandata* geschlossen ist. Existiert sie nicht? Die Terminologie gibt darüber keine Auskunft. Sie beinhaltet nur: Es fehlen die aktuellen Effekte. Die Ursache wurde gesetzt. Dies geht aus dem *praefectus duxit uxorem* und dem *si provincialis mulier ei nupserit* hervor. Was zum *uxorem ducere* und zum *nubere* notwendig ist, wurde getan. Trotzdem ist die Ehe nichtig, was aber nicht bedeutet, sie sei nicht existent; denn die Ursache kann später ihren Effekt erzielen. Darüber lassen die Quellen keinen Zweifel:

D. 23, 2, 65, 1 (Paul. 7 resp.): Respondit mihi placere, etsi contra mandata contractum sit matrimonium in provincia, tamen post depositum officium, si in eadem voluntate perseverat, iustas nuptias effici, et ideo postea liberos natos ex iusto matrimonio legitimos esse.
C. 5, 4, 6: Imp. Gord. (239): Etsi contra mandata principum contractum sit in provincia consentiente muliere matrimonium, tamen post depositum officium si in eadem voluntate perseveraverit, iustae nuptiae efficiuntur: et ideo postea liberos susceptos natosque ex iusto matrimonio legitimos esse responsum viri prudentissimi Pauli declarat.

---

[52] *Il matrimonio romano* 234; *Nov. DI* 10 (1964) 332.

Beide Texte bestätigen das bisher Gesagte. Die Ehe ist geschlossen (*etsi contra mandata contractum sit matrimonium, etsi contra mandata principum contractum sit ... matrimonium*).

Die *mandata* können das *contrahere matrimonium* nicht verhindern. Sie verhindern aber die Wirkung. Es kann kein *iustum matrimonium* entstehen. Deshalb sind die Kinder nicht legitim.

Die Texte beschäftigen sich dann mit der Frage, was geschieht nach Ablauf der Amtszeit. Es wird nicht gesagt, daß die Ehe nun geschlossen wird. Sie ist ja schon geschlossen. Es wird festgestellt: *iustas nuptias effici, iustae nuptiae efficiuntur;* d. h. aus den *iniustae nuptiae* werden *iustae nuptiae* [53]. Die *nuptiae* haben stattgefunden, aber wegen der *mandata* waren sie nicht gültig. Nach Verlauf der Amtszeit gibt es nichts mehr, was die Gültigmachung jenes nichtigen Aktes verhindert. Der einmal geleistete und nicht widerrufene Konsens entfaltet seine Wirksamkeit und macht die ungültige Ehe gültig. Es besteht kein Zweifel, daß hier nur von einem *matrimonium nullum* geredet werden kann. *Ein matrimonium inexsistens* könnte nicht saniert werden.

Die Ehe des Wahnsinnigen, des Simulanten und dessen, der der eingeflößten Furcht widersteht, kann nicht gültig werden, weil hier der Konsens fehlt. *Contra mandata* ist eine Eheschließung möglich, auch wenn die Ehe ungültig ist. Sie kann geheilt werden, weil sie ein *matrimonium nullum* ist.

Die in den Quellen beschriebenen drei Tatbestände zwingen nicht zur Annahme eines Kontinuativkonsenses. Es wird deutlich unterschieden zwischen *matrimonium inexsistens* und *matrimonium nullum.* Diese Unterscheidung ist nur unter Voraussetzung eines Initialkonsenses möglich, weil der Kontinuativkonsens keine Trennung von Ursache und Wirkung zuläßt.

Als Ergebnis wird festgehalten:

Die Terminologie für die nichtige Ehe unterscheidet sich nicht von der Terminologie des nichtigen Rechtsgeschäftes.

Die Ursachen, die die Nichtigkeit bewirken, sind die gleichen für Ehe und Rechtsgeschäft: Willensmängel und Übertretung des Gesetzes.

Die nichtige Ehe wird in einem doppelten Sinn vorgefunden: als *matrimonium inexsistens* und als *matrimonium nullum.* Da ein Faktum nicht nichtig (*nullum*) sein kann, muß die Ehe ein Rechtsgeschäft sein, d. h. sie muß ein vom Willen verursachtes Band mit eigener Existenz sein.

---

[53] So denkt auch KUNKEL: *RE* XIV 2268, wenn er schreibt: « Auch konnte die verbotswidrige Ehe, die zunächst kein *iustum matrimonium* war, nach Niederlegung des Amtes konvaleszieren ».

II. Teil

DIE SCHEIDUNGSVERBOTE

7. Kapitel: Die Scheidungsgründe

Die Klassik fordert keinerlei Scheidungsgründe. Daraus ergibt sich eine vollständige Scheidungsfreiheit. Diese hat nach Ansicht mancher Rechtsgelehrten den Grund im Begriff der römischen Ehe, die durch einen Kontinuativkonsens zustandekommen soll. In der Nachklassik wird durch Einführung bestimmter Scheidungsgründe die Scheidungsfreiheit beschränkt. Davon leiten einige Fachleute ab, daß sich nun der Konsens gewandelt habe.

Die Verfechter des Kontinuativkonsenses berücksichtigen bei ihren Überlegungen nicht die Vorklassik. Sie vergleichen nur die klassische Scheidungsfreiheit mit der nachklassischen Scheidungsbeschränkung. Eine solche gibt es aber schon in der Vorklassik. Deshalb erheben sich folgende Fragen: Ist die Konsensstruktur in der Vor- und Nachklassik gleich? Kann die vollständige Scheidungsfreiheit nur mit einem Kontinuativkonsens erklärt werden? Zur Beantwortung bedarf es einer eingehenden Textexegese. Sie wird zeigen, ob sich aus den Scheidungsgründen ein Konsenswandel begründen läßt oder nicht.

§ 25. Die Scheidungsbeschränkung in der Vorklassik

Es kann heute als gesichert gelten, daß die Römer nur eine Form der Ehe kennen; denn *matrimonium* und *manus* sind getrennte Institute [1]. Nach der *opinio communis* ist die römische Ehe seit ältester Zeit scheidbar [2]. Vor allem weist Picinelli [3]

---

[1] Vgl. VOLTERRA, *La conception* 2-25; ders.: *Studi Solazzi* 675-688; ders., *Il matrimonio romano* 89-119; ders.: *Nov. DI* 10 (1964) 332-333; ders.: *Temis* 22 (1967) 11-28; ROBLEDA, *El matrimonio* 1-58, bringt den neuesten Diskussionsstand zu dieser Frage.

[2] Dazu LEONHARD: *RE* V, 1242; KUNKEL: *RE* XIV, 2275. Zur Scheidung

darauf hin, daß die Römer schon immer in Verbindung stehen
mit Völkern, die die Scheidung zulassen, und es wäre sonderbar,
wenn Rom in dieser Hinsicht eine Ausnahme bilden würde.

1. Von der Scheidung handelt ein Gesetz des Romulus:

> Plut. Rom. 22: Constituit quoque leges quasdam, inter quas
> illa dura est, quae uxori non permittit divertere a marito, at
> marito permittit uxorem repudiare propter veneficium circa pro-
> lem vel subiectionem clavium vel adulterium commissum, si
> vero aliter quis a se dimitteret uxorem, bonorum eius partem
> uxoris fieri, partem cereri sacram esse iussit [4].

Der Frau ist also die Scheidung gänzlich verboten, und dem
Manne ist sie nur dann gestattet, wenn sich die Frau der Giftmischerei gegen die Kinder, eines Ehebruchs oder einer *subiectio
clavium* schuldig gemacht hat [5]. Eine Scheidung ohne gesetzlichen Grund ist immer gültig, aber der Mann erleidet Vermö-
genseinbußen [6].

Romulus nennt das Gesetz eine *lex dura*, weil es einen Unterschied zwischen dem Mann und der Frau macht, aber auch
deshalb, weil es Scheidungsgründe verlangt.

Bonfante [7] bezweifelt, daß die Gründe in einem Gesetz des
Romulus stehen und behauptet, sie seien durch Sitte und Ge-
wohnheit gebilligt worden. Dieser Meinung schließt sich Vol-
terra [8] an. Ob die Gründe in einem Gesetze stehen oder durch
Sitte und Gewohnheit geheiligt werden, ist unerheblich. In jedem
Fall ergeben sich Schwierigkeiten für diejenigen, die in der Klas-
sik einen Kontinuativkonsens und in der Nachklassik einen
Initialkonsens annehmen.

Nach Romulus ist es der Frau nicht gestattet, sich zu scheiden. Sie befindet sich in der gleichen Lage wie der Mann in
Nov. 74, 5, dem die Scheidung untersagt ist, wenn er mit einem
Schwur auf das Hl. Evangelium seine Frau zur *legitima uxor*
genommen hat.

Nov. 74, 5 wird immer wieder als Beweis für den Initial-

---

der Konfarreatsehe siehe ROBLEDA: *Per* 58 (1969) 376 mit Anm. 60; ders.,
El matrimonio 241.

[3] *AG* 34 (1885) 424-426. Zur Geschichte der römischen Ehescheidung
vgl. ROBLEDA, *Vinculum matrimoniale* 7-14.

[4] *FIRA* I, 8.

[5] Näheres über die Bedeutung der *subiectio clavium* bei LEONHARD:
RE V, 1242.

[6] Dazu besonders KUNKEL: *RE* XIV, 2277.

[7] *Corso* I, 343.

[8] *Nov. DI* 6 (1960) 62.

konsens in der Nachklassik angeführt[9]. Und dies mit vollem Recht; denn der Mann muß an der Ehe festhalten, auch wenn sein Konsens nicht mehr vorhanden ist.

Wie in der Novelle ist auch im Gesetz des Romulus der Konsens initial; denn wie könnte einsichtig gemacht werden, daß das Scheidungsverbot für Mann und Frau eine verschiedene Konsensstruktur voraussetzt? Der Kontinuativkonsens läßt ein solches Verbot nicht zu, weil niemand das Aufhören des Konsenses verhindern kann.

Für den Initialkonsens spricht weiterhin, daß auch von Romulus die Scheidungsgründe wie in der Nachklassik nur zur Erlaubtheit verlangt werden[10]. Die grundlose Scheidung ist zwar immer gültig, aber sie wird bestraft[11].

Die gleiche gesetzliche Regelung wäre nicht möglich, wenn der Konsens nicht die gleiche Struktur hätte.

2. Im Jahre 307 wird Lucius Annius aus dem Senat gestoßen, weil er bei der Scheidung nicht den Rat der Freunde eingeholt hat:

> L. enim Annium senatu moverunt quod quam virginem in matrimonium duxerat repudiasset nullo amicorum (in) consilio adhibito[12].

Der Text sagt nichts über die Gründe, weshalb man annehmen muß, Lucius Annius habe einen gesetzlichen oder wenigstens einen von der Gewohnheit gebilligten Grund angeführt. Demnach wird die Scheidungsfreiheit nicht nur durch die Forderung von Gründen eingeengt, sondern auch dadurch, daß die *sententia amicorum* notwendig ist.

Dem Wesen des Kontinuativkonsenses widerspricht eine solche Scheidungsbeschränkung. Dadurch wird die Ernsthaftigkeit und die Opportunität der Scheidung dem Urteil des *iudicium domesticum* unterworfen[13]. Dies kann unter Umständen dem Scheidungswilligen nahelegen, an der Ehe festzuhalten, obwohl kein Konsens mehr vorhanden ist.

Zusammenfassend kann festgestellt werden: Bis zum 3. JhvC ist die Scheidung der Frau gänzlich verboten, und dem Manne

---

[9] So u. a. von CARUSI: *RDC* 22 (1930) 588 Anm. 59; D'ERCOLE: *SDHI* 5 (1939) 48-49; VOLTERRA, *La conception* 65; ders., *Il matrimonio romano* 323; ders.: *Nov. DI* 10 (1964) 334; BIONDI, *DRC* III, 120.

[10] Vgl. ROBLEDA, *El matrimonio* 255: « Más aun, se insinúa que aun realizado, por causas diversas, era válido, si bien ilícito ».

[11] Vgl. KUNKEL: *RE* XIV, 2277.

[12] Valer. Max., *Factorum et dictorum* 2, 8, 2.

ist sie nur dann erlaubt, wenn er der Frau bestimmte Vergehen vorwerfen kann. Die grundlose Scheidung wird immer von der Gesellschaft mißbilligt und auch mit einer gesetzlichen Strafe belegt.

Wenn aus den nachklassischen Scheidungsverboten und aus der Bestrafung der unbegründeten Scheidung ein Initialkonsens gefolgert wird, dann muß das gleiche auch für die Zeit von Gründung der Stadt bis zum 3. JhvC. gelten.

§ 26. Die völlige Scheidungsfreiheit nach dem 3. JhvC

Gellius berichtet:

> N. A. 17, 21, 44: Anno deinde post Romam conditam quingente-simo undevicesimo Spurius Carvilius Ruga primus Romae de amicorum sententia divortium cum uxore fecit, quod sterilis esset iurassetque apud censores uxorem se liberum quaerendo-rum causa habere[14].

Spurius Carvilius hat sich die *sententia amicorum* eingeholt. Seine Scheidung ist auch nicht die erste in Rom. Es geht ihr wenigstens die des Lucius Annius voraus[15]. Spurius Carvilius Ruga ist aber der erste, der seine Frau entläßt, weil sie un-fruchtbar ist. So schreibt Dionysius:

> Antiquitates Rom. 2, 25: ... primus uxorem repudiasse fertur Spurius Carvilius Ruga, vir non obscurus, coactus a censoribus iurare se liberorum quaerendorum causa uxorem duxisse: eius enim uxor erat sterilis. Qui tamen ob hoc factum, quamvis es-set necessarium, in perpetuum exosus fuit populo.

Demnach hat Spurius Carvilius den Eid abgelegt, daß er seine Frau *liberorum quaerendorum causa* geheiratet habe[16]. Da seine Frau kinderlos blieb, sei die Scheidung notwendig geworden. Trotzdem ist Spurius Carvilius dem Volk für ewige Zeiten ver-

---

[13] Dazu SANFILIPPO, *Ist.* 5. Aufl. (1964) 150.

[14] Auch N. A. 4, 3, 2.

[15] Vgl. Anm. 12; anders RASI 152.

[16] Spurius Carvilius Ruga mußte vor dem Zensor keinen Eid ablegen, um die Ehe auflösen zu können, wie DI SALVO: *Index* 2 (1971) 381, meint. ROBLEDA: *SDHI* 37 (1971) 340, macht darauf aufmerksam, daß Gellius nicht schreibt: *quod sterila esset iuraret*, sondern *iurassetque*, was auf die Ver-gangenheit hinweist. Die Scheidung wurde nie vor dem Zensor vollzogen, und nie war es notwendig, ihm den Grund vorzulegen.

haßt, zumal Kinderlosigkeit kein gesetzlicher Scheidungsgrund ist [17].

Valerius Maximus begründet den Haß des Volkes damit, daß Spurius Carvilius das Verlangen nach Kindern der ehelichen Treue vorgezogen hat:

> Primus autem Spurius Carvilius uxorem sterilitatis causa dimisit. qui, quamquam tolerabili ratione motus videbatur, reprehensione tamen non caruit, quia ne cupiditatem quidem liberorum coniugali fidei praeponi debuisse arbitrabantur [18].

Der Wirbel um die Scheidung des Sp. Carvilius Ruga zeigt, daß die Scheidung bis dahin wegen der dargelegten Beschränkungen etwas Seltenes ist [19]. Dies bestätigt auch Cicero:

> De re publica 6, 2, 2: Firmiter enim maiores nostri stabilia matrimonia esse voluerunt.

Vom 3. JhvC an herrscht vollständige Scheidungsfreiheit. Auch der Frau ist seit Plautus die Möglichkeit zur einseitigen Scheidung gegeben. Wie Costa [20] schreibt, wird in dieser Zeit die Ehe im allgemeinen nicht durch den Tod, sondern durch die Scheidung beendet.

Gegen Ende der Republik und zu Beginn der Kaiserzeit nimmt die Scheidung so überhand, daß Seneca fragen kann:

> De ben. 3, 16, 2: Numquid iam ulla repudio erubescit, postquam inlustres quaedam ac nobiles feminae non consulum numero, sed maritorum annos suos conputant et exeunt matrimonii causa, nubunt repudii? [21].

Schon der Wunsch nach einer neuen Ehe genügt, um die Scheidung einzuleiten:

> Cic. Ad fam. 8, 7, 2: Paula Valeria, soror Triari, divortium sine causa, quo die vir e provincia venturus erat, fecit. Nuptura est D. Bruto.

---

[17] Vgl. ROBLEDA: *Per* 58 (1969) 378; ders., *El matrimonio* 258.
[18] Factorum et dictorum 2, 1, 4.
[19] Vgl. ARANGIO-RUIZ, *Ist.* 14. Aufl. (1966) 451.
[20] *Il diritto privato* 177.
[21] Auch Martial, ep. 6, 7; ep. 10, 41. Siehe auch die Laudatio Turiae: *FIRA* III, 212. Dort wird ein Ehepaar gelobt, das 41 Jahre zusammen lebte: *rara sunt tam diuturna matrimonia finita morte non divortio interrupta.*

Wie wird die Scheidungsfreiheit begründet? In der Fachliteratur finden sich vor allem zwei Begründungen: die Sittenlosigkeit und der Begriff der Ehe.

I. DIE SITTENLOSIGKEIT

Die Quellen sprechen immer wieder von der zunehmenden Sittenlosigkeit [22]. Um ihr eine Schranke zu setzen, hat Augustus seine Ehegesetzgebung erlassen. Bietet die Sittenlosigkeit den Grund der häufigen Scheidungen? Manche Gelehrte bejahen dies, so u. a. Peters [23], Leonhard [24], Biondi [25], Arangio-Ruiz [26].

Zunächst ist festzuhalten, daß aus Satiren von Seneca kein Bild der römischen Frau und Mutter gewonnen werden kann. Auch darf man aus der Gesetzgebung des Augustus nicht auf die Verkommenheit aller römischen Schichten schließen [27].

Die Tatsache, daß die Quellen immer wieder von der großen Sittenlosigkeit reden, aber diese nie in Verbindung bringen mit dem Anwachsen der Scheidungen, zwingt zur Annahme, daß für die Römer nicht die Sittenlosigkeit Grund der Scheidung war.

II. DER BEGRIFF DER EHE

Andere Autoren postulieren die Scheidungsfreiheit aus dem Begriff der römischen Ehe, so u. a. Solazzi [28], Basanoff [29], D'Ercole [30], Lauria [31], Andréev [32], Kaser [33], Volterra [34]. Sie berufen sich

---

[22] Vgl. Valer. Max. 6, 3, 10-12; Plut. Cic. 41; Cass. Dio 56, 18; Cic. Ep. 8, 7; ad Att. 11, 23; Cluent. 5; Suet. Tib. 11; Plaut. Merc. 817; Martial, ep. 6, 7; 10, 41; Seneca, de ben. 1, 9; 3, 16; Tertull. Apol. 6.

[23] *Die Ehe nach der Lehre des hl. Augustinus* 41.

[24] *RE* V, 1244.

[25] *Ist.* 4. Aufl. (1965) 587.

[26] *Ist.* 14. Aufl. (1966) 451.

[27] Darauf hat schon Ernst RABEL hingewiesen: *Enzyklopädie der Rechtswissenschaft* I, 2. Aufl. (1915) 416; ferner DI MARZO 73; auch KASER, *RP* I, 2. Auflage 312.

[28] *BIDR* 34 (1925) 311 = *Scr.* III, 33.

[29] *Studi Riccobono* III, 178: « Cette liberté du divorce découle de la conception romaine classique du mariage ». Vgl. auch BURDESE, *Gli istituti* 129.

[30] *SDHI* 5 (1939) 53: « Il matrimonio, concepito come posto in essere e mantenuto in vita dalla *individua vitae consuetudo* e dall'*affectio maritalis*, reclama per sè la libertà più assoluta del divorzio ... ».

[31] *Matrimonio e dote* 46: « Il divorzio è correlativo e connaturale al matrimonio ». Vgl. auch SANFILIPPO, *Ist.* 5. Aufl. (1964) 151; ferner DE FRANCISCI: *Enc. Ital.* 13 (1932) 69.

auf das von Alexander Severus aufgestellte Prinzip:

> C. 8, 38, 2 (223): Libera matrimonia esse antiquitus placuit.
> ideoque pacta, ne liceret divertere, non valere et stipulationes,
> quibus poenae inrogarentur ei qui divortium fecisset, ratas non
> haberi constat.

Kann dieses Prinzip als Begründung dafür gelten, daß die Scheidungsfreiheit dem römischen Ehebegriff korrelativ ist?

Es gibt nicht wenige Fakten, die einen logischen Zusammenhang zwischen Scheidung und Ehebegriff ausschließen:

a) Die Ehe des Wahnsinnigen bleibt erhalten, obwohl ein
Konsens nicht mehr vorhanden ist. Wenn sich die Scheidung
aus dem Aufhören des Konsenses und damit aus dem Begriff
der Ehe ergibt, dann müßte die Ehe des *furiosus* geschieden
sein. Er hat aufgehört, den Konsens zu erwecken [35].

b) Der *paterfamilias* kann — wenigstens bis Antoninus Pius
— die Ehe seiner filia auch gegen ihren Willen scheiden. Obwohl
der Konsens der *filia* fortdauert, wird die Ehe aufgelöst. Die
Auflösung kann demnach nicht aus der Konsensstruktur und
damit aus dem Wesen der Ehe hergeleitet werden [36].

c) Die Scheidungsfreiheit besteht darin, daß das Gesetz auch
für die willkürlichste Scheidung keine Strafe vorsieht. Immer
aber wird die Scheidung vom Volke mißbilligt [37]. Diese sittliche
Mißbilligung stellt eine Art Strafe dar und zieht oft gesellschaft-
liche Nachteile nach sich [38]. Eine Strafe aber ist nicht zu verstehen, wenn sich die Scheidung aus dem Ehebegriff ergäbe [39].

Alle diese Fakten widersprechen dem Versuch, die Scheidungsfreiheit mit dem Begriff der Ehe zu begründen.

---

[32] *RH* 35 (1957) 30: «Dans ces conditions, il était très difficile d'ad-
mettre que le mariage était effectif quand il avait cessé d'exister de fait».

[33] *RP* I, 2. Aufl. 326: «Im ganzen aber gilt die Freiheit der Scheidung als unantastbares, aus dem Wesen der Ehe folgendes Prinzip».

[34] *Nov. DI* 6 (1960) 63: «Dato il concetto giuridico classico del matrimonio, si comprende come fosse inconcepibile ai giuristi romani che
la cessazione della volontà continua ed effettiva dei coniugi non portasse
ineluttabilmente allo scioglimento del matrimonio».

[35] Überhaupt wäre nicht zu erklären, warum die Ehe fortbestehen
kann, wenn nach der Eheschließung ein *impedimentum* eintritt, das einem
gültigen Eheabschluß entgegensteht.

[36] Auch die *fratres legitimi* (Gai. 1, 61) behalten die Konsensfähigkeit,
und doch wird ihre Ehe getrennt.

[37] Vgl. Cic. Top. 4, 19: *Si viri culpa factum est divortium, etsi mulier nuntium remisit;* ders. Ad fam. 8, 7; ferner Ulp. 6, 8; Frag. Vat. 121.

[38] Dazu KASER, *RP* I, 2. Aufl. 326.

[39] Vgl. ROBLEDA: *Per* 58 (1969) 400; ders., *Vinculum matrimoniale* 31.

Das Prinzip des Kaisers Alexander jedenfalls sagt nichts darüber aus. Es gibt nur die römische Auffassung wieder, daß die Ehe ganz vom Willen der Partner abhängen soll. In dieser Hinsicht gilt das Prinzip genauso für die Nachklassik; denn auch dort kann keine Vereinbarung getroffen werden, die Ehe in den Fällen, in denen das Gesetz die Scheidung zuläßt, aufrechtzuerhalten.

Auch können nicht mehr und keine anderen Strafen festgelegt werden, als das Gesetz vorschreibt [40]. Da das in C. 8, 38, 2 formulierte Prinzip sowohl in der Klassik als auch in der Nachklassik Anwendung findet, kann aus ihm kein verschiedener Ehebegriff eruiert werden.

Die Freiheit der Scheidung besagt: Für die Partner besteht keine Verpflichtung, an der Ehe festzuhalten. Sie kann immer geschieden werden, auch wenn das Gesetz hierfür Gründe verlangt. Demnach wird in der Nachklassik die Scheidungsfreiheit beibehalten. Sie ist also auch mit einem Initialkonsens vereinbar. Deshalb kann nicht behauptet werden, daß die seit dem 3. JhvC gewährte Freiheit der Scheidung sich nur mit einer kontinuativen Konsensstruktur erklären läßt.

§ 27. Die kaiserliche Gesetzgebung

Es läßt sich nicht leugnen, daß die christliche Lehre von der Unauflöslichkeit der Ehe die kaiserliche Gesetzgebung beeinflußt hat [41]. Diese deckt sich aber nicht ganz mit der Lehre der Schrift, der Väter, der Päpste und der Konzilien. Kirche und Staat weichen in der Frage der Scheidung voneinander ab; denn die staatliche Gesetzgebung ist keine Positivierung des kanonischen Rechts [42].

---

[40] Dazu ROBLEDA: *Per* 58 (1969) 399-400; ders., *Vinculum matrimoniale* 30. Deshalb gilt folgende Alternative: Entweder ist der Konsens in der ganzen Zeit des römischen Rechts kontinuativ oder in der ganzen Zeit initial.

[41] Näheres bei BASANOFF: *Studi Riccobono* III, 175-199; auch CAES, *De wettige gronden tot-eenzijdige echtscheiding in Constantijns wet de repudiis (CTh. 3, 16, 1; 331)*: Phil. studi^n, n. 20 (1939) 38 p.; ferner VOGT, *Festschr. Wenger* 118-148; ORESTANO: *Scritti Ferrini* 343-382.

[42] Vgl. u. a. LEONHARD: *RE* V, 1245; KUNKEL: *RE* XIV, 2277; LAURIA 63; KASER *RP* II, 120; GAUDEMET: *RIDA* 2 (1949) 364 = *Mél. De Vischer* I, 364; BIONDI, *Il diritto romano* 324; ROBLEDA, *Vinculum matrimoniale* 17.

I. TEXTEXEGESEN

Konstantin erläßt im Jahre 331 die erste Konstitution, die die Scheidung beschränkt.

A) CT 3, 16, 1

1. Die Scheidung von seiten der Frau

> Placet mulieri non licere propter suas pravas cupiditates marito repudium mittere exquisita causa, velut ebrioso aut aleatori aut mulierculario, nec vero maritis per quascumque occasiones uxores suas dimittere, sed in repudio mittendo a femina haec sola crimina inquiri, si hominicidam vel medicamentarium vel sepulchrorum dissolutorem maritum suum esse probaverit, ut ita demum laudata omnem suam dotem recipiat. Nam si praeter haec tria crimina repudium marito miserit, oportet eam usque ad acuculam capitis in domo mariti deponere et pro tam magna sui confidentia in insulam deportari [43].

Hier werden die Scheidungsgründe taxativ aufgezählt, die es der Frau erlauben, ihren Mann zu entlassen. Sie kann sich von ihm scheiden, wenn er Totschlag, Giftmischerei [44] oder Grabschändung begangen hat.

Führt sie bei der Scheidung keinen gesetzlichen Scheidungsgrund an, dann verliert sie die Mitgift (nach IT auch die Eheschenkung) und wird auf eine einsame Insel verbannt.

Volterra [45] entnimmt dem Text zwei Argumente für seine These vom Konsenswandel in der Nachklassik.

a) Er behauptet, die Ehe werde in der Klassik deshalb geschieden, weil der Konsens aufhört. Aus der Tatsache, daß nach CT 3, 16, 1 die Intention der Frau festgestellt werden muß, schließt der Gelehrte auf einen Initialkonsens, denn bei einem Kontinuativkonsens sei keine Feststellung der Scheidungsintention nötig.

Das Argument ist leicht zu entkräften, wenn man in Betracht zieht, daß der erste Satz die Einleitung zur gesamten Konstitution bildet. Er sagt nicht mehr und nicht weniger als dies: Früher konnten Mann und Frau sich grundlos (*per quascumque*

---

[43] Über den Zusammenhang zwischen diesem Gesetz und dem Gesetz des Romulus vgl. DUPONT, *Les Constitutions de Constantin*, 2. Aufl., 111-114; VOLTERRA, *Il matrimonio romano* 289. BIONDI, *DRC* III 173 Anm. 1, nennt diesen Vergleich « ridicolo ».

[44] CT hat *medicamentarius*, IT *maleficus*.

[45] *Mél. Lévy-Bruhl* 332; *Il matrimonio romano* 289.

occasiones) scheiden, jetzt aber wird ein Scheidungsgrund verlangt. Geändert hat sich das Recht und nicht der Konsens.

b) Durch die Verbannung wird die Frau in eine solche Lage
versetzt, daß sie nicht mehr heiraten kann. Der Effekt der Scheidung besteht aber in der Freiheit vom Bande und in der damit
gegebenen Möglichkeit zu einer neuen Ehe. Deshalb fragt sich
Volterra [46], welchen Effekt eine Scheidung hat, wenn überhaupt
keine Möglichkeit zur Wiederverheiratung eingeräumt wird. Er
meint daraus den Schluß ziehen zu können, die Ehe der Ver-
bannten bestehe noch weiter.

Damit stellt sich die Frage, warum nicht der gleiche Schluß
gezogen wird, wenn sich die *liberta patrono nupta* ohne Konsens des Patrons scheidet. Auch sie kann nicht mehr heiraten,
und doch ist ihre Ehe gelöst. Warum soll die Unmöglichkeit,
eine neue Ehe einzugehen, eine so verschiedene Wirkung haben?
Scheidung in der Klassik, Aufrechterhaltung der Ehe in der
Nachklassik?

Wer in dem Wiederverheiratungsverbot in der Nachklassik
ein Argument für die Fortdauer der Ehe sieht, muß erklären,
warum die Ehe der *liberta* in der Klassik getrennt wird.

Nur wenn eindeutig bewiesen ist, daß die Scheidung der
Freigelassenen ihren Grund im Kontinuativkonsens hat, könnte
von einem Konsenswandel gesprochen werden.

2. Die Scheidung von seiten des Mannes

> In masculis etiam, si repudium mittant, haec tria crimina in-
> quiri conveniet, si moecham vel medicamentariam vel conci-
> liatricem repudiare voluerint. Nam si ab his criminibus libe-
> ram eiecerit, omnem dotem restituere debet et aliam ducere.
> Quod si fecerit, priori coniugi facultas dabitur domum eius in-
> vadere et omnem dotem posterioris uxoris ad semetipsam trans-
> ferre pro iniuria sibi inlata.

Der Mann darf seine Frau entlassen, wenn er sie des Ehebruchs, der Giftmischerei (Zauberei) und der Kuppelei über-

---

[46] *Il matrimonio romano* 292; so auch D'ERCOLE: *SDHI* 5 (1939) 37;
BIONDI, *DRC* III, 172. KASER, *RP* II 121 Anm. 20, spricht von einer fakti-
schen Unmöglichkeit zu einer neuen Ehe. DUPONT, *Les peines* 47, setzt die
deportatio an die Stelle der *aqua et igni interdictio*. Nach ihm ist die
Ehe getrennt, weil der schuldige Partner das *conubium* verliert. Da der
unschuldige Partner gleich wieder heiraten darf- dies ergibt sich aus dem
Heiratsverbot für den schuldigen Partner — ist von der Auflösung der
Ehe auszugehen.

führen kann. Weist er der Frau keines dieser Vergehen nach, dann muß er die Mitgift herausgeben und darf keine neue Ehe eingehen. Heiratet er trotzdem, dann ist es der früheren Frau erlaubt, eigenmächtig in sein Haus einzubrechen, um die für die zweite Frau bestellte Mitgift an sich zu reißen.

Aus dem Begriff der *iniuria* wird gefolgert, das Eheband bestehe weiter [47]. Denn nur so bildet der Abschluß der Zweitehe eine *iniuria* für die Frau [48].

Mit den Autoren [49] ist festzuhalten, daß *iniuria* hier nicht Unrecht, sondern Gewalttätigkeit bedeutet. Der Mann hat ja seine Frau grundlos verstoßen, und sie darf sich dafür rächen. Auch wird die zweite Ehe nicht als Ehebruch qualifiziert [50]. Deshalb wird keine Kriminalstrafe verhängt, sondern die Privatrache zugestanden [51]. Biondi [52], Corbett [53], Yaron [54], Kaser [55], Gaudemet [56], Robleda [57] u. a. betonen übereinstimmend die Gültigkeit der zweiten und damit die Auflösung der früheren Ehe. Selbst Volterra [58] muß zugeben, daß die ungesetzliche Scheidung ihren Effekt hervorbringt.

3. Zusammenfassung

Die Exegese hat gezeigt, daß aus CT 3, 16, 1 kein Konsenswandel abgeleitet werden kann [59].

---

[47] Vgl. VOLTERRA, *Il matrimonio* 293; ders., *Mél. Lévy-Bruhl* 333. Schon vor ihm BRINI III, 228.

[48] Anders ROBLEDA, *Vinculum matrimoniale* 16: « *Immo, bene etiam notandum, iniuriam in omni casu non esse factam parti innocenti novo matrimonio partis culpabilis, sed divortio sine causa legitima effecto; mera enim inobservantia poenae iniuria infertur, non parti innocenti, sed legi* ».

[49] BASANOFF: *Studi Riccobono* III 194, spricht von einer « vengeance privée ». PHARR, *The Theodosian Code* (Princeton 1952) 77, übersetzt: « in recompense for the outrage inflicted upon her ». KASER, *RP* II 121, redet von « erlaubter Eigenmacht ». IT schreibt einfach *iniuste*, was auf den widerrechtlichen Akt der Gesetzesübertretung hinweist.

[50] ROBLEDA, *Vinculum matrimoniale* 16, bemerkt, daß der Text nicht von einer *concubina*, sondern von einer *posterior uxor* redet.

[51] Dazu YARON: *TR* 32 (1964) 545.

[52] *DRC* III, 170.

[53] *Marriage* 244.

[54] *TR* 32 (1964) 545.

[55] *RP* II, 121.

[56] *RIDA* 2 (1949) 357 = *Mél. De Visscher* I, 357.

[57] *Per* 58 (1969) 387; *El matrimonio* 265; *Vinculum matrimoniale* 16.

[58] *Studi Ratti* 436; *Studi Albertoni* I, 408; *Nov. DI* 6 (1960) 63; *Nov. DI* 10 (1964) 334.

[59] VOLTERRA führt immer wieder diese Konstitution an, um seine Be-

Dies verbieten mehrere Gründe:

a) Nach wie vor kann die Ehe in jedem Augenblick geschieden werden, straflos mit einem im Gesetz bestimmten Grund, strafbar ohne einen solchen. Immer aber bringt die Scheidung den vollen Effekt hervor. Die Gründe sind also nur zur Erlaubtheit der Scheidung gefordert. Sie erschweren die Scheidung, machen sie aber nicht unmöglich. Deshalb ändern sie die Struktur des Konsenses nicht. Sie haben überhaupt keinen positiven Einfluß auf die Scheidung, sie verhindern nur, daß die Ehe in einer anderen Weise straffrei aufgelöst wird als durch Angabe eines gesetzlichen Grundes.

Ob aber die Ehe geschieden wird oder nicht, liegt weiterhin im Belieben der Partner. Gewandelt hat sich also nicht der Konsens, sondern eingeengt wird die Scheidungsfreiheit und dies nur insofern, als jetzt eine straffreie Scheidung nur mit einem Grunde möglich ist.

b) Nach unserem Text ändert sich nichts hinsichtlich des *divortium communi consensu*. Wenn die Scheidungsgründe wirklich den Konsens umformen würden, dann bliebe das *divortium communi consensu* davon unberührt. In diesem Falle hätten wir einen doppelten Ehebegriff. Beim *divortium communi consensu* würde der Konsens aufhören. Die so geschiedene Ehe gründete auf einem Kontinuativkonsens. Beim *divortium unilaterale* muß wegen der Scheidungsgründe der Konsens widerrufen werden. Die so geschiedene Ehe kommt durch einen Initialkonsens zustande und bildet ein Rechtsgeschäft. Die Quellen aber kennen in der Nachklassik keinen doppelten Ehebegriff, der auch von der Dogmatik her nicht denkbar ist. Er würde nämlich verlangen, daß die Eheleute schon bei der Eheschließung wissen, ob sie sich durch einseitige oder einverständliche Scheidung wieder trennen, um im ersten Fall einen Initialkonsens, im zweiten Falle aber einen Kontinuativkonsens abgeben zu können.

---

hauptung vom Konsenswandel in der Nachklassik zu erhärten. Vgl. *La conception* 59: « La célèbre constitution de C. Th. 3, 16, 1 qui, pour la première fois donne des règles contre le divorce, montre que la conception du mariage fondé sur la volonté continue des conjoints n'est plus acceptée par la législation impériale ». *RIDA* 3. S. 2 (1955) 378: « L'institution du mariage ... vient d'être profondément transformée ».

Nov. DI 6 (1960) 63: « Il sistema del divorzio viene profondamente modificato dagli imperatori cristiani ».

Mél. Lévy-Bruhl 330: « Cette constitution, qui change complétement le système et la conception du divorce ... ».

In Nov. DI 10 (1964) 334, spricht Volterra von der « profonda trasformazione che ha subito il concetto del matrimonio a partire dal IV secolo dopo Cristo ». Vgl. auch die Ausführungen des Autors: ED 25 (1975) 791-794.

c) Eine bestimmte Scheidungsform wird von Konstantin nicht gefordert. Dies setzt immer noch die gleiche Konsensstruktur wie in der Klassik voraus; denn die neue Ehe kann weiterhin ein Zeichen für die Auflösung der bestehenden Ehe sein.

d) Julian Apostata [60] hat die Konstitution aufgehoben und die vollständige Scheidungsfreiheit wiederhergestellt. Wenn die Scheidungsgründe eine Änderung der Konsensstruktur bewirkten, vom Kontinuativ-zum Initialkonsens, dann müßte der Konsens von Julian bis 421 wegen der Scheidungsfreiheit wieder kontinuativ sein [61]. Wer diese Folgerung nicht zieht, gibt zu, daß die Scheidungsgründe den Konsens nicht wandeln.

B) CT 3, 16, 2

Im Jahre 421 erläßt Kaiser Konstantius II. ein Gesetz für das Westreich. Es enthält wieder Gründe, die angeführt werden müssen, um die Ehe straffrei zu scheiden. Im Vergleich zur konstantinischen Gesetzgebung sind die neuen Scheidungsgründe abgestuft. Dies erlaubt eine Milderung der Strafsanktionen.

1. Die Scheidung von seiten der Frau

a) grundlos

> Mulier, quae repudii a se dati oblatione discesserit, si nullas probaverit divortii sui causas, abolitis donationibus, quas sponsa perceperat, etiam dote privetur, deportationis addicenda suppliciis: cui non solum secundi viri copulam, verum etiam postliminii ius negamus.

Zur Strafe für die grundlose Scheidung verliert die Frau die Mitgift und die Eheschenkung. Sie wird verbannt, ohne das *ius postliminii* zu haben, und sie darf nicht wieder heiraten. Ist die Ehe geschieden oder nicht? Ist das Wiederverheiratungsverbot eine Folge der Aufrechterhaltung der Ehe oder eine positiv- rechtliche Sanktion für die Übertretung des Gesetzes? Sicher ist die Verneinung des *ius postliminii* eine positiv - rechtliche Regelung [62]. Daraus ist zu schließen, daß auch die *negatio*

---

[60] Vgl. Augustinus: Quaest. de utroque test. 115 (PL, 2348): *Ante Juliani edictum mulieres viros suos dimittere nequibant, accepta autem potestate, coeperunt facere quod prius facere non poterant: coeperunt quotidie viros suos licenter dimittere.*

[61] YARON: *TR* 32 (1964) 545, spricht von einem « revival of paganism ». Vgl. auch LAURIA 60.

copulae mit dem zweiten Mann vom positiven Recht festgesetzt ist und nicht der Fortexistenz der Ehe entspringt. In dieser Interpretation erzielt die Scheidung ihren vollen Effekt.

Volterra [63] zieht aus der Unmöglichkeit zu einer neuen Ehe die Folgerung, daß die Ehe noch aufrechterhalten wird. Demnach fordert er die Gründe zur Gültigkeit. Dies aber setzt einen Initialkonsens voraus; denn das Recht erhält die Ehe, obwohl kein Konsens mehr vorhanden ist. Bevor aber die Ehe durch Anführen eines gesetzlichen Grundes geschieden ist, ist eine Wiederverheiratung nicht möglich.

Damit ist der gleiche Tatbestand wie in Gai. 1, 63 gegeben. Der Wiederverheiratung muß die Scheidung vorangehen, die in der Klassik immer, in der Nachklassik aber nur mit Angabe eines Grundes erfolgen kann.

Die Tatsache, daß dieser Grund zur Gültigkeit gefordert wird, offenbart nur den Initialkonsens, begründet aber keinen Konsenswandel, wie der Vergleich mit Gai. 1, 63 deutlich macht.

b) wegen *mediocres culpae*

> Sin vero morum vitia ac mediocres culpas mulier matrimonio reluctata convicerit, perditura dotem viro donationem refundat, nullius umquam penitus socianda coniugio: quae ne viduitatem stupri procacitate commaculet, accusationem repudiato viro iure deferimus.

Scheidet sich die Frau wegen *morum vitia oder mediocres culpae* des Mannes, dann verliert sie die Mitgift und die Eheschenkung. Sie darf sich nicht wieder verehelichen. Tut sie dies doch, dann wird dem Manne das Recht eingeräumt, sie auch nach der Scheidung mit der Anklage wegen *stuprum* zu verfolgen. Wieder erhebt sich die Frage: Ist die Ehe geschieden? Biondi [64] meint, die Ehe bleibe erhalten; denn wenn das Gesetz die Wiederverheiratung verbiete, sei damit gesagt, daß die Ehe noch besteht und daß die Geschiedene keine neue Ehe eingehen kann, ohne das Verbrechen der Bigamie zu begehen.

Wer diese Folgerung zieht, muß das gleiche auch für die *liberta patrono nupta* tun, wenn sie sich *invito patrono* scheidet. Dies würde bedeuten, daß das Einverständnis des Patrons wie die nachklassischen Gründe zur Gültigkeit verlangt wird. Damit

---

[62] IT schreibt hier: *nec ad propria revertendi.*

[63] *Studi Ratti* 436. Der Autor spricht von einer « invalidità del secondo matrimonio ». Ders., *Il matrimonio romano* 293.

[64] *DRC* III, 175.

müßte in beiden Fällen zwingend ein Initialkonsens angenommen werden.

Biondi schließt auch aus dem Faktum, daß dem geschiedenen Manne die *accusatio* wegen *adulterium* zugestanden wird, auf das Weiterbestehen der Ehe. Der Begriff *adulterium* kommt aber nur in der IT vor, im Gesetzestext selbst steht *viduitas*, was auf die Auflösung der Ehe hinweist [65].

Wolff [66] verteidigt die Meinung, daß das Zugeständnis der *accusatio* reinen Strafcharakter hat und keineswegs vom Fortbestehen der Ehe hergeleitet werden kann.

Ganz gleich, ob die Gründe *ad validitatem* oder *ad liceitatem* gefordert werden, sie wandeln in keinem Fall den Konsens [67].

c) wegen *graves causae*

> Restat, ut, si graves causas atque involutam magnis criminibus conscientiam probaverit quae recedit, dotis suae compos sponsalem quoque obtineat largitatem atque a repudii die post quinquennium nubendi recipiat potestatem: tunc enim videbitur sui magis id exsecratione quam alieni adpetitione fecisse.

Wenn die Frau schwere Vergehen des Mannes vorweisen kann, erhält sie die Mitgift und die Eheschenkung und darf nach fünf Jahren eine neue Ehe schließen [68].

Da die Wartezeit begrenzt ist, darf man annehmen, daß die Ehe durch die Scheidung aufgelöst wird. Darauf scheint auch die Begründung hinzudeuten: *tunc enim videbitur sui magis viri id exsecratione quam alieni adpetitione fecisse.*

2. Die Scheidung von seiten des Mannes

a) wegen *grave crimen*

> Sane si divortium prior maritus obiecerit ac mulieri grave crimen intulerit, persequatur legibus accusatam impetrataque vin-

---

[65] GAUDEMET: *RIDA* 2 (1949) 358 Anm. 159 a = *Mél De Visscher* I, 358 Anm. 159 a, hat mit Bezug auf CT 9, 7, 5 (388) darauf aufmerksam gemacht, daß der Ausdruck *adulterium* auch dazu dient, situations matrimoniales irrégulières zu beschreiben.

[66] *SZ* 67 (1950) 269; ebenso GAUDEMET, siehe vorige Anm.

[67] Dies ergibt sich aus einem Vergleich mit dem *divortium* der *liberta patrono nupta*. Wenn die nachklassischen Gründe *ad validitatem* sind, dann ist es auch der Konsens des Patrons. Sind sie *ad liceitatem*, dann muß wegen der Strafe ebenfalls der gleiche Konsens vorhanden sein.

[68] Welches die *graves causae* sind, wird nicht gesagt. Sicher sind die in CT 3, 16, 1 genannten Verbrechen einbegriffen. Die Frau, die sich wegen *graves causae* scheidet, wird härter bestraft als in CT 3, 16, 1.

dicta et dote potiatur et suam recipiat largitatem et ducendi
mox alteram liberum sortiatur arbitrium.

Führt der Mann ein *grave crimen* der Frau an, dann behält
er die Mitgift und die Eheschenkung und kann sofort eine neue
Ehe schließen. Dies zeigt deutlich, daß die Ehe dem Bande nach
gelöst ist. Die Scheidung hat also ihren Effekt erzielt.

b) wegen *morum culpa*

Si vero morum est culpa, non criminum, donationem recipiat,
dotem relinquat, aliam post biennium ducturus uxorem.

Vollzieht der Mann wegen *morum culpa* der Frau die Scheidung,
dann verliert er die Mitgift, erhält aber die Eheschenkung zurück und darf nach zwei Jahren wieder heiraten. Ist die Ehe
geschieden? Die Antwort muß positiv ausfallen; denn die zeitliche Begrenzung des Wiederverheiratungsverbotes läßt schwer
eine andere Deutung zu.

Dazu kommt ein Analogieschluß: Wenn der Mann, wie noch
zu zeigen ist, grundlos seine Ehe auflösen kann, dann erst recht,
wenn er der Frau *morum culpa* vorzuwerfen hat.

c) wegen *dissensus*

Quod si matrimonium solo maluerit separare dissensu nullis-
que vitiis peccatisque gravetur exclusa, et donationem vir per-
dat et dotem ac perpetuo caelibatu insolentis divortii poenam
de solitudinis maerore sustineat, mulieri post anni metas nub-
tiarum potestate concessa.

Scheidet sich der Mann grundlos, dann verliert er die Mitgift
sowie die Eheschenkung und wird zum ewigen Zölibat verurteilt.
Die verstoßene Frau aber darf nach einem Jahr eine neue Ehe
eingehen. Die Wartezeit hat ihren Grund nicht in der Aufrechterhaltung der Ehe, sondern darin, daß jede Unklarheit über die
Abstammung eines nach der Scheidung geborenen Kindes beseitigt wird. Auch von Witwen ist die Frist einzuhalten [69]. Diese
wird seit dem Jahre 497 auch der Frau auferlegt, die sich *communi consensu* geschieden hat [70].

Die angeführten Tatsachen rechtfertigen den Schluß, daß
auch die völlig grundlose Scheidung des Mannes ihren Effekt
hervorbringt.

---

[69] Vgl. C. 5, 9, 2 (381).
[70] Vgl. C. 5, 17, 9.

3. Ergebnis

Die Analyse von CT 3, 16, 2 hat folgendes gezeigt:

a) Die einseitige Scheidung kann aus bestimmten Gründen, die aber nur zur Erlaubtheit gefordert werden, vollzogen werden. Das Eheband wird aber auch dann getrennt, wenn kein Grund beigebracht wird.

Scheidet sich der Mann grundlos, dann darf die Frau nach einem Jahr zu einer neuen Ehe übergehen. Demnach ist die vorige Ehe gelöst.

Scheidet sich die Frau grundlos, dann kann der Mann sofort wieder heiraten; denn das Gesetz schreibt ihm keine Wartefrist vor.

b) Es wird keine Scheidungsform verlangt, und das *divortium communi consensu* bleibt unberührt.

C) NT 12, 1

Das in CT 3, 16, 2 erlassene Gesetz wird 438 mit dem CT auch im Osten eingeführt, aber schon 439 durch die Novelle des Kaisers Theodosius II. wieder abgeschafft:

> Sed in repudio mittendo culpaque divortii perquirenda durum est veterum legum moderamen excedere. Ideo constitutionibus abrogatis, quae nunc maritum, nunc mulierem matrimonio soluto praecipiunt gravissimis poenis coerceri, hac constitutione repudii culpas culparumque coercitiones ad veteres leges responsaque prudentium revocare censemus ...

Die Novelle hebt die Strafe für die unbegründete Scheidung auf und kehrt zu den *veteres leges responsaque prudentium* zurück [71]. Damit wird die klassische Scheidungsfreiheit wieder hergestellt [72].

Von daher ist erneut zu fragen, ob sich der Konsens gewandelt hat, vom Initial- zum Kontinuativkonsens. Derjenige, der

---

[71] YARON: *TR* 32 (1964) 547, stellt fest, daß man nicht weiß, was den Kaiser zu dieser überraschenden Maßnahme veranlaßt hat. Sie rückt jedenfalls vom christlichen Standpunkt ab.

[72] Vgl. dazu KASER, *RP* II, 121; VOLTERRA: *Nov. DI* 6 (1960) 63. Nach BIONDI, *DRC* III 175, weiß man nicht, was mit dem *veterum legum moderamen* und den *veteres leges responsaque prudentium* gemeint ist; denn der Autor hält es für unwahrscheinlich, daß der Kaiser die alte heidnische Scheidungsfreiheit wieder einführen wollte. Dagegen ist mit YARON: *TR* 32 (1964) 547, festzuhalten, daß NV 35, 11 auf NT 12, 1 zurückgreift, die die Scheidung *sola contraria voluntate* erlaubt hat. Es besteht demnach kein Zweifel, daß in NT 12, 1 die klassische Scheidungsfreiheit wieder auflebt. Zur Diskussion vgl. ROBLEDA, *Vinculum matrimoniale* 22; BASANOFF: *Studi Riccobono* III, 119 und LAURIA 61.

aus der Scheidungsfreiheit einen Kontinuativkonsens eruiert, muß dies bejahen.

D) NV 35, 11

NT 12, 1 tritt auch im Westen in Kraft, wird aber dort im Jahre 452 durch die NV 35, 11 beseitigt:

> In ipsorum autem matrimoniorum reverentiae vinculum, ne passim et temere deserantur, antiquata novella lege, quae solvi coniugia sola contraria voluntate permiserat, ea quae a divo patre nostro Constantio decreta sunt intemerata serventur.

Dies bringt für den Westen wieder die Regelung von CT 3, 16, 2 [73]. Es herrscht also von der Einführung der NT 12 bis zur NV 35 vollständige Scheidungsfreiheit. Obwohl in dem umschriebenen Zeitabschnitt keine Gründe gefordert werden, muß die Ehe *contraria voluntate* gelöst werden. Demnach ist die Freiheit der Scheidung mit einem *actus contrarius* vereinbar, so daß diese nicht notwendig einen Kontinuativkonsens voraussetzt.

E) C. 5, 17, 8, 4

Im Osten besteht Scheidungsfreiheit bis 449; denn jetzt kehrt Theodosius II. im wesentlichen zur Gesetzgebung von 421 zurück. Er vermehrt die Scheidungsgründe und mildert die Folgen der unbegründeten Scheidung.

1. Die Scheidung von seiten der Frau

a) ohne *causa*

> Nam mulier, si contempta lege repudium mittendum esse temptaverit, suam dotem et ante nuptias donationem amittat nec intra quinquennium ubendi habeat denuo potestatem: aequum est enim eam interim carere conubio, a quo se monstravit indignam.

Führt die Frau keine *causa sufficiens* an, dann verliert sie die Mitgift mitsamt der Eheschenkung und darf erst nach fünf Jahren eine neue Ehe schließen. Heißt dies, daß die Ehe aufrechterhalten wird? Der Text legt eine negative Antwort nahe. Er verwendet den Ausdruck *conubium* im klassischen Sinne, wonach

---

[73] Vgl. YARON: *TR* 32 (1964) 549; ferner BASANOFF, *Studi Riccobono* III, 549.

conubium ein Erfordernis des positiven Rechts ist[74]. Als Strafe
für die unbegründete Scheidung wird der Frau diese Qualifikation entzogen, so daß der Geschiedenen während der Frist von
fünf Jahren die Ehe verboten ist[75].
Heiratet die Frau trotzdem, dann gilt:

> Quod si praeter haec nupserit, erit ipsa quidem infamis, conu-
> bium vero illud nolumus nuncupari: insuper etiam arguendi
> hoc ipsum volenti concedimus libertatem.

Die Frau wird infam, aber sie erhält kein *conubium*, d. h. sie
kann keine *iustae nuptiae* zustandebringen. Jeder darf sie wegen
stuprum anklagen. Da sie aber nicht wegen Ehebruch bestraft
wird, ist erwiesen, daß die erste Ehe gelöst ist[76].

b) mit *causa*

> Si vero causam probaverit intentatam, tunc eam et dotem re-
> cuperare et ante nuptias donationem lucro habere aut legibus
> vindicare censemus et nubendi post annum ei, ne quis de prole
> dubitet, permittimus facultatem.

Kann die Frau eine *causa sufficiens* vorbringen, dann erhält sie
die Mitgift sowie die Eheschenkung. Sie darf nach einem Jahr
eine neue Ehe eingehen[77]. Da die Wartezeit begrenzt ist und
keine Strafe darstellt, ist zu folgern, daß die Ehe geschieden ist.

2. Die Scheidung von seiten des Mannes

a) mit *causa*

> Virum etiam, si mulierem interdicta arguerit attemptantem,
> tam dotem quam ante nuptias donationem sibi habere seu vin-
> dicare uxoremque, si velit, statim ducere hac iusta definitione
> sancimus.

Kann der Mann eine *causa sufficiens* angeben, dann behält er

---

[74] Zum *conubium* im klassischen und nachklassischen Sinne vgl. Ro-
BLEDA, El matrimonio 168-178. Zu unserem Text besonders 177 Anm. 78.

[75] Die zeitliche Begrenzung der Wartefrist deutet auf eine Strafe hin.
Vgl. dazu GAUDEMET: *RIDA* 2 (1949) 359 = *Mél. De Visscher* I, 359.

[76] Nach VOLTERRA: *Studi Ratti* 437, ist die Eheschließung innerhalb
der vom Gesetz festgelegten Frist nichtig. Dazu auch D'ERCOLE: *SDHI* 5
(1939) 51 Anm. 70.

[77] Auch die geschiedene Frau wird nun an eine einjährige Wartefrist
gebunden.

die Mitgift und die Eheschenkung und kann sofort wieder heiraten, was ohne effektive Scheidung nicht möglich wäre.

b) ohne *causa*

> Sin autem aliter uxori suae renuntiare voluerit, dotem redhi-
> beat et ante nuptias donationem amittat.

Scheidet sich der Mann ohne Grund, dann verliert er die Mitgift
und die Eheschenkung. Darf er wieder heiraten? Das Gesetz
schweigt darüber. Die Frau, die sich grundlos geschieden hat,
darf nach fünf Jahren eine neue Ehe eingehen. Da das Gesetz
dem Manne keine Wartefrist vorschreibt, ist anzunehmen, daß
auch er sich nach fünf Jahren oder sogar früher wieder verehli-
chen kann.

3. Zusammenfassung

Die Kaiserkonstitution vom Jahre 449 betrachtet die Scheidungsgründe als *leges non perfectae*, d. h. wer sich grundlos
scheidet, löst die Ehe, wird aber bestraft. Dies ergibt sich aus
der Analyse des § 4 der Konstitution [78]. Auch § 1 verlangt die
Gründe nur zur Erlaubtheit. Dafür spricht das *prohibemus* und
die Tatsache, daß die Scheidung nicht grundsätzlich verboten
wird [79].

Hinsichtlich des divortium *communi consensu* ändert sich
nichts. Die Konstitution führt aber eine zur Gültigkeit der Scheidung notwendige Form ein. Ob diese den Konsens wandelt, wird
später geklärt werden.

F) C. 5, 17, 9

Kaiser Anastasius bestimmt im Jahre 497:

> Si constante matrimonio communi consensu tam mariti quam
> mulieris repudium sit missum, quo nulla causa continetur, quae

---

[78] Vgl. WATSON 55: « C. 5, 17, 8, 1 (Theodosius II and Valentinianus,
A. D. 449) says that the Emperors prohibit divorce without a *iusta causa*,
but § 4 shows that this means only that a divorce without *iusta causa*
gives rise to severe penalties — the divorce itself is valid. Dazu ROBLEDA:
Per 58 (1969) 390-391.

[79] C. 5, 17, 8, 1: *Causas autem repudii hac saluberrima lege apertius
designamus. sicut enim sine iusta causa dissolvi matrimonia iusto limite
prohibemus, ita adversa necessitate pressum vel pressam, quamvis infau-
sto, attamen necessario auxilio cupimus liberari.* Vgl. auch BIONDI, *DRC*
III, 168.

consultissimae constitutioni divae memoriae Theodosii et Valentiniani inserta est, licebit mulieri non quinquennium expectare, sed post annum ad secundas nuptias convolare.

Aus dieser Konstitution geht hervor, daß das *divortium communi consensu* immer noch erlaubt ist. Es erzielt stets die Auflösung der Ehe, auch wenn die Frau nicht sofort, sondern erst nach einem Jahr zu einer neuen Ehe übergehen darf [80].

G) Die Neuregelung der Scheidungsgründe durch Justinian

Im Jahre 528 erläßt Kaiser Justinian eine Konstitution, die die Scheidungsgründe der Kaiser Theodosius und Valentinianus wegen Impotenz des Mannes um einen vermehrt [81].

Fünf Jahre später erfolgt nochmals eine Ergänzung der Gründe wegen Abtreibung, unzüchtigem Verhalten der Frau und ihrem Bemühen, eine neue Ehe einzugehen [82]. Entscheidende Änderungen verfügt der Kaiser aber erst in seinen Novellen.

1. Nov. 22, 7

Nach der Novelle vom Jahre 535 wird die Ehe während der Gefangenschaft nicht mehr durch Gesetz gelöst:

> Attamen humanius talia contemplantes, donec quidem est manifestum superesse aut virum aut uxorem, manere insoluta matrimonia sinimus, et non venient ad secundas nuptias neque mulieres neque viri, nisi volunt videri ausu temerario hoc egisse et poenis succumbere, ille quidem ante nuptias donationis dicimus exactioni, illa vero dotis.

Steht fest, daß der gefangene Partner lebt, dann darf der freie Partner keine neue Ehe eingehen. Tut er dies trotzdem, so wird

---

[80] Dazu YARON: *TR* 32 (1964) 552: « However, this is not a punishment, but rather a period of delay *ne quis de prole dubitet* ». Auch CORBETT 245.

[81] C. 5, 17, 10: *In causis iam dudum specialiter definitis, ex quibus recte mittuntur repudia, illam addimus, ut, si maritus uxori ab initio matrimonii usque a duos continuos annos computandos coire minime propter naturalem imbecillitatem valeat, possit mulier vel eius parentes sine periculo dotis amittendae repudium marito mittere, ita tamen, ut ante nuptias donatio eidem marito servetur.*

[82] C. 5, 17, 11, 2: *Inter culpas autem uxoris constitutionibus enumeratas et has addimus, si forte uxor sua ope vel ex industria abortum fecerit, vel ita luxuriosa est, ut commune lavacrum viris libidinis causa habere audeat, vel, dum est in matrimonio, alium maritum fieri sibi conata fuerit.*

er bestraft: Der Mann verliert die Eheschenkung und die Frau
die Mitgift. Nirgends wird die zweite Ehe als *adulterium* bezeichnet. Daraus ist zu schließen, daß die erste Ehe geschieden
ist, worauf auch der Satz hinweist: *nisi volunt videri ausu teme-
rario hoc egisse* [83].

Ist es aber unsicher, ob der gefangene Partner noch lebt,
dann gilt:

> tunc quinquennium expectandum est sive a viro sive a muliere,
> post quod, sive manifestum fiat de morte sive incertum ma-
> neat, nubere licebit sine periculo. Et hoc enim nuncupatis bona
> gratia transactionibus a praecedentibus connumeratum est, nos
> quoque in hoc consentimus, ut hic neque repudio fiat opus, ita
> personis distantibus ab alterutris, et nullus ex hoc lucrabitur,
> neque vir dotem neque mulier antenuptialem donationem, sed
> unusquisque in suis manebit.

Der freie Partner kann also nach Ablauf von fünf Jahren seine
Ehe *bona gratia* trennen. Es handelt sich hier um eine einseitige
Scheidung, die vom Gesetze zugelassen wird, ohne daß dem
Partner ein Grund angelastet werden muß [84]. Wird die Ehe gelöst,
wenn die Scheidung vor Ablauf der fünfjährigen Wartezeit
erfolgt?

Die Frage muß bejaht werden; denn der Text qualifiziert
die zweite Ehe nicht als *adulterium* [85]. Auch ließe sich die Fortdauer der Ehe nicht mit dem Prinzip vereinbaren, das Justinian
in cap. 3 seiner Novelle anführt: *quoniam horum quae in hominibus subsequuntur, quidquid ligatur, solubile est.* Wer vor Ablauf
der fünf Jahre eine neue Ehe schließt, tut es *cum periculo*, d. h.
er wird wegen grundloser Scheidung bestraft.

Zusammenfassend läßt sich festhalten: Die Scheidung kann
immer vollzogen werden ohne Grund, gültig, aber unerlaubt vor
Ablauf der fünf Jahre; mit Grund, gültig und erlaubt vor Ablauf
der fünf Jahre; ohne Grund, gültig und erlaubt nach Ablauf der
fünf Jahre. Wie leicht zu ersehen ist, wird die Ehe immer gültig
geschieden, wenn auch nicht immer erlaubt. Die Novelle bestimmt
nichts hinsichtlich des *divortium communi consensu.* Es bleibt
weiterhin bestehen [86].

---

[83] Vgl. BONFANTE 330; D'ERCOLE: *SDHI* 5 (1939) 65.
[84] Zur Figur des *divortium bona gratia* vgl. KASER, *RP* II, 119 Anm. 3;
ROBLEDA: *Per* 58 (1969) 392-395; ders., *El matrimonio* 270-271.
[85] Vgl. GAUDEMET: *RIDA* 2 (1949) 365 = *Mél. De Visscher* I, 365.
[86] Nov. 22, 4 (535): *Distrahuntur itaque in vita contrahentium matrimonia alia quidem consentiente utraque parte, pro quibus nihil hic dicen-*

2. Nov. 117, 8

Diese Novelle vom Jahre 542 gestattet dem Manne sechs Gründe, sich zu scheiden, der Frau werden fünf Gründe zugestanden[87]. Sie werden in den cap. 8 und 9 taxativ aufgezählt, wie der Text sagt:

cap. 8: Quia vero plurimas in veteribus et nostris invenimus legibus causas ex quibus facile nuptiarum solutiones fiunt, ea causa perspeximus ex his abscidere aliquas, quae nobis indignae ad solvendas nuptias visae sunt, et eas solum nominatim praesenti inserere legi, pro quibus rationabiliter potest sive vir sive mulier repudium mittere.

Werden diese Gründe zur Gültigkeit oder zur Erlaubtheit gefordert?

Robleda[88] versucht auf diese Frage eine Antwort zu geben. Nach seiner Ansicht ist der Text nicht klar. Aber die Worte *posse rationabiliter repudium mittere* deuten darauf hin, daß die Gründe nur zur Erlaubtheit verlangt werden. Wenn es ein *rationabiliter mittere* gibt, dann gibt es ebenfalls ein *non rationabiliter mittere*. Demzufolge wird die Ehe auch ohne Grund gelöst.

Die Novelle verbietet zum ersten Male das *divortium communi consensu*:

cap. 10: Quia vero et ex consensu aliqui usque ad praesens alterna matrimonia solvebant, hoc de cetero fieri nullo sinimus modo, nisi forte quidam castitatis concupiscentia hoc fecerint.

Verletzen die Ehegatten dieses Verbot, dann treten die Strafen für die unbegründete Scheidung ein[89]. Nur wenn die einverständliche Scheidung dem beiderseitigen Entschluß zur Keuschheit entspringt, wird keine Strafe verhängt. Folglich können die Partner immer noch ihre Ehe *communi consensu* trennen, straffrei *castitatis concupiscentia*, strafbar in allen anderen Fällen. Deshalb läßt sich aus dem Text keine Änderung des Konsenses herleiten[90].

---

dum est, pactis causam, sicut utrique placuerit, gubernantibus. Vgl. RoBLEDA: *Per* 61 (1972) 451-465.

[87] Näheres bei KASER *RP* II, 122.

[88] *El matrimonio* 269 Anm. 77; *Vinculum matrimoniale* 24 Anm. 49.

[89] Vgl. KASER, *RP* II, 123 Anm. 41.

[90] Anders D'ERCOLE: *SDHI* 5 (1939) 36-37 und VOLTERRA: *La conception* 61-62.

3. Nov. 127, 4

Gemäß Nov. 117, 13 wird die Frau nach unbegründeter Scheidung auf Lebenszeit in ein Kloster verbannt. Ihre Ehe ist gelöst; denn die Gründe sind, wie oben dargelegt, nur zur Erlaubtheit gefordert.

Die gleiche Strafe wird in Nov. 127, 4 (548) auch dem Manne angedroht, wenn er sich grundlos scheidet:

> ... sancimus, nullam esse differentiam quantum ad poenas inter virum et mulierem hoc praesumentes, sed iisdem poenis quae contra mulieres a nobis definitae sunt, si sine causa nostrae legi cognita matrimonia distrahunt, etiam viros subdi hoc praesumentes, et similes esse poenas in viro et muliere. In delicto enim aequali proximas eis imminere poenas iustum putavimus esse.

Aus dem Text geht nicht hervor, daß sich die juristische Qualifikation der Gründe geändert hat. Sie werden weiterhin zur Erlaubtheit verlangt. Wären sie nun zur Gültigkeit notwendig, dann könnte der Kaiser nicht von einem *distrahere matrimonia* reden [91].

Der Text befaßt sich überhaupt nicht mit den Gründen, sondern stellt für Mann und Frau die gleiche Strafe auf, weil sie das gleiche Delikt begehen.

4. Nov. 134, 11

Die Novelle vom Jahre 556 zählt die Strafen für die grundlose Scheidung namentlich auf und fährt dann fort:

> Quia vero aliqui nostram legem transcendere student, in qua evidenter causas enumeravimus, ex quibus solum repudia possunt transmitti aut a viro aut a muliere, iubemus praeter illas causas nullo modo repudia fieri, aut per consensum nuptias solvi et concedere invicem delictis.

Nach Kaser [92] klingt hier zum ersten Male die Nichtigkeit der grundlosen Scheidung an. Dies bedeutet, daß von jetzt an die Scheidungsgründe zur Gültigkeit der Scheidung erforderlich sind.

---

[91] D'Ercole: *SDHI* 5 (1939) 37, folgert aus der Unmöglichkeit, eine neue Ehe einzugehen, daß die Ehe noch existiert. Er fordert demnach die Gründe zur Gültigkeit der Scheidung.

[92] *RP* II, 123. Anders Gaudemet: *RIDA* 2 (1949) 356; 363 = *Mél. De Visscher* I, 356; 363.

Damit erfährt die Scheidungsfreiheit eine erhebliche Beschränkung, ohne jedoch ganz aufgehoben zu werden.

II. SYNTHESE

Wie die Textexegese zeigt, sind die nachklassischen Scheidungsgründe zur Erlaubtheit der Scheidung notwendig. Diesem Ergebnis stimmen auch die meisten Fachgelehrten zu, so. u. a. Brini [93], Leonhard [94], Bonfante [95], Kunkel [96], Longo Gian. [97], Kaser [98], Gaudemet [99], Wolff [100], Guarino [101], Arangio-Ruiz [102], Burdese [103], Lauria [104], Volterra [105], Jörs-Kunkel-Wenger [106], Robleda [107].

Es ist den christlichen Kaisern nicht gelungen, die kirchliche Lehre von der Unauflöslichkeit der Ehe in ihren Gesetzen zu positivieren. Wer die Scheidungsgesetzgebung nüchtern betrachtet, stellt fest, daß im Laufe der Zeit die Gründe vermehrt und die Strafen gemildert werden. Über Jahre hin wird sogar die klassische Scheidungsfreiheit wieder hergestellt.

Dies zeigt, wie tief die Auffassung von der Scheidbarkeit der Ehe im Volksbewußtsein verankert ist.

Selbst Justinian begründet die Scheidung mit dem Prinzip:

> Nov. 22, 3: Quoniam horum quae in hominibus subsequuntur, quidquid ligatur, solubile est.

Der gleiche Kaiser schafft die einverständliche Scheidung ab [108]. Aber sofort nach seinem Tod muß der Nachfolger sie wieder gestatten und dies gegen seinen Willen, wie er selbst anzudeuten scheint:

---

[93] *Matrimonio e divorzio* III, 238.
[94] *RE* V, 1245.
[95] *Corso* I, 349.
[96] *RE* XIV, 2277.
[97] *Diritto di famiglia* 98.
[98] *RP* II, 120.
[99] *Le Bras, Histoire du Droit et des Institutions de l'Eglise* III, 545.
[100] *SZ* 67 (1950) 268.
[101] *Diritto privato romano* 586.
[102] *Ist.* 14. Aufl. (1966) 451.
[103] *Gli istituti* 130.
[104] *Matrimonio e dote* 59; 63.
[105] *Studi Albertoni* I, 408.
[106] *Römisches Privatrecht* 281.
[107] *Per* 58 (1969) 398; *El matrimonio* 268. Vgl. auch DE FRANCISCI: *Enc. Ital.* 13 (1932) 70; ferner IGLESIAS, *Derecho Romano*, 2. Aufl. (Barcelona 1953) II, 226.
[108] Nov. 117, 10 (542).

Nov. 140, praef. (566): Agebamus vero plus nihil: quoniam (vero) difficile est immutare semel detentos inrationabili passione et horrore.

Abschließend ist festzuhalten: Der Einfluß der Kirche auf die kaiserliche Gesetzgebung ist im ganzen gesehen gering [109]. Die christlichen Kaiser erschweren zwar durch die Forderung von Gründen und die Androhung von Strafen die Scheidung, aber sie wollen und können diese nicht verbieten [100]. Wie aus den Textanalysen hervorgeht, wird auch durch eine völlig unbegründete Scheidung die Ehe gelöst.

§ 28. Scheidungsgründe und Konsensstruktur

Das nachklassische Recht kennt bestimmte Scheidungsgründe, die anzugeben sind, soll die Scheidung straflos erfolgen. Sie betreffen die Voraussetzungen der Scheidung. Daraus entsteht die Pflicht, an der Ehe festzuhalten [111].

Wie in der Zeit von den Anfängen der Stadt bis zum 3. JhvC ist trotz der gesetzlichen Gründe die Scheidung auch dann gültig, wenn kein Grund vorgewiesen wird. Von daher ist abzuleiten, daß die Konsensstruktur in der Zeit bis zum 3. JhvC die gleiche sein muß wie in der Nachklassik.

Vom 3. JhvC an werden keine Scheidungsgründe mehr verlangt. Solche sind erst wieder seit Konstantin anzuführen. Sie setzen einen Initialkonsens voraus. Es ist zu fragen, ob damit die Scheidungsfreiheit aufgehoben wird. Folgende Überlegungen ermöglichen eine Antwort.

Die Gründe verursachen nie die Scheidung. Sie wird immer vom Konsens bewirkt:

Nov. 22, 3 (535): Nuptias itaque affectus alternus facit dotalium non egens augmento. Cum enim semel convenerit seu puro

---

[109] Die kirchlichen Quellen aus der Offenbarung und den Kirchenvätern finden sich bei BIONDI, DRC III, 164-168; PETERS 28; ALBERTARIO, Studi I, 236-247; BASANOFF: Studi Riccobono III, 175-199; D'ERCOLE: SDHI 5 (1939) 56-75.

[110] Vgl. dazu GAUDEMET: Studi Albertario II, 194; KASER, RP II, 120. Zur Zeit Justinians gab es das divortium bona gratia aus 3 Gründen, das divortium aus Verschulden des Partners (5 Gründe zugunsten der Frau, 6 zugunsten des Mannes) und das divortium communi consensu castitatis concupiscentia. Dagegen hielt die Kirche an der absoluten Unauflöslichkeit der Ehe fest.

[111] Vgl. VOLTERRA, La conception 79-80; auch KASER, RP II, 119 Anm. 3.

nuptiali affectu sive etiam oblatione dotis et propter nuptias donationis, oportet causam omnino sequi etiam solutionem aut innoxiam aut cum poena.

Die Gründe sind auch nicht indirekt Ursache der Scheidung, indem sie dem Willen die Möglichkeit geben, das *divortium* zu vollziehen. Sie haben überhaupt keinen kausalen Einfluß auf den Scheidungsakt. Dieser hängt einzig und allein von den Partnern ab.

a) Sind die Gründe, wie dargelegt, zur Erlaubtheit der Scheidung vorzuweisen, dann kann die Ehe in jedem Augenblick geschieden werden, mit oder ohne Grund. Die Scheidung wird durch die Gründe erschwert, aber nicht unwirksam. Somit hat sich gegenüber der klassischen Scheidungsfreiheit nichts geändert.

b) Einige Autoren [112] fordern die Gründe zur Gültigkeit der Scheidung. Sie stützen ihre Meinung auf Texte, die nach einer unbegründeten Scheidung die Wiederverheiratung ausschließen. Mit Recht wird gefragt, welchen Effekt eine Scheidung hat, wenn ihr keine neue Ehe folgen kann. Es lassen sich gewichtige Argumente anführen, daß in diesem Falle die Gründe zur Gültigkeit der Scheidung gefordert werden. Mit einem Kontinuativkonsens läßt sich dieses Faktum nicht erklären. Wird nämlich kein gesetzlicher Grund angegeben, dann kann die Ehe nicht aufgelöst werden, obwohl die Scheidung angestrebt wird. Die Unmöglichkeit der Ehescheidung besagt, daß der Bestand der Ehe nicht von einem Dauerkonsens abhängt.

Trotzdem besteht die Scheidungsfreiheit fort; denn es ist immer möglich, die Ehe mit einem gesetzlichen Grund zu scheiden. Wird kein Grund angeführt, dann ist die Scheidung nichtig. Ihr Effekt wird aber nicht vom Konsens, sondern vom positiven Recht verhindert. Der Konsens kann jederzeit zurückgenommen werden, aber gegen das Gesetz bringt er keine Wirkung hervor. Gerade die Tatsache, daß das Gesetz mit der Forderung der Scheidungsgründe nicht den Konsens, sondern dessen Wirkung berührt, zeigt, daß die Freiheit der Partner, jederzeit den Konsens zu widerrufen, nicht aufgehoben wird.

So herrscht auch in der Nachklassik vollständige Scheidungs-

---

[112] Vgl. D'ERCOLE: *SDHI* 5 (1939) 52: « La incapacità legale a contrarre nuove nozze non ha altra ragione che nel vincolo originato dal matrimonio precedente ». Ferner BIONDI, *DRC* III, 175; besonders VOLTERRA: *Studi Ratti* 436-439 und *Il matrimonio romano* 292-293; auch KASER, *RP* II, 123.

freiheit, gleichgültig ob die Gründe zur Erlaubtheit oder zur Gültigkeit gefordert werden. Deshalb wandeln die Gründe den Konsens nicht[113].

---

[113] Dazu ROBLEDA: *Per* 61 (1972) 450 Anm. 7: « *Ut plane videtur, discrimen (inter ius classicum et postclassicum) non est in eo quod revocatio in classico non sit necessaria, utique vero in postclassico; sed in libertate, vel minus omnimoda revocationis* ».

8. KAPITEL: DIE SCHEIDUNGSFORM

Von 449 an wird eine zur Gültigkeit der Scheidung notwendige Form verlangt. Dies bedeutet, daß der Konsens initial ist. Wird nämlich die Form nicht beachtet, dann ist die Scheidung nichtig, und die Ehe existiert weiter. Im Rahmen der vorliegenden Arbeit ist zu fragen, ob sich mit Einführung einer Form ein Wandel der Konsensstruktur vollzogen hat. Die Antwort hängt vor allem davon ab, wie die Quellen, die von einer Scheidungsform sprechen, interpretiert werden. Von besonderer Bedeutung sind die Zwölftafeln und die augusteische Ehegesetzgebung. Sie müssen erneut analysiert werden, weil die Fachgelehrten ihre Auffassung über die Scheidungsform aus diesen Quellen begründen.

§ 29. Das Formproblem im Zwölftafelgesetz

Levy [1] und Kunkel [2] sehen schon im Zwölftafelgesetz Spuren eines formalisierten Scheidungsaktes. Zur Begründung ihrer Meinung führen sie Cicero und Gaius an:

1. Cicero überliefert folgenden Satz:

> Phil. 2, 28, 69: Illam suam res sibi habere iussit, ex duodecim tabulis clavis ademit, exegit.

Demnach scheint schon das Zwölftafelgesetz eine Form gekannt zu haben: *res sibi habere.*

Watson [3] hat mit Recht darauf hingewiesen, daß die Interpretation des Textes von der Interpunktion abhängt. Wird das Komma nach *iussit* gesetzt, dann steht die Formel nicht in den Zwölftafeln. Wenn es aber nach *ex duodecim tabulis* angebracht wird, enthalten diese schon eine Scheidungsform.

---

[1] *Hergang* 19; anders RATTI: *BIDR* 25 (1927) 206
[2] *RE* XIV, 2279.
[3] *TR* 33 (1965) 42; vor ihm CORBETT 218.

In den bekanntesten Textausgaben [4] findet sich die Interpunktion vor *ex duodecim tabulis*. Damit wird ausgesagt, daß nach den Zwölftafeln die Ehe durch die Wegnahme der Schlüssel geschieden wird.

2. Gaius schreibt:

> D. 48, 5, 44 (3 ad leg. duodecim tab.): Si ex lege repudium missum non sit et idcirco mulier adhuc nupta esse videatur, tamen si quis eam uxorem duxerit, adulter non erit.

Yaron [5] versteht den Text als Kommentar zum Zwölftafelgesetz. Er meint, es handle sich darin um eine grundlose Scheidung.

Der Anfang des Textes: *si ex lege repudium missum non sit*, läßt sich im Sinne Yarons interpretieren. Wie im vorstehenden Kapitel gezeigt wurde, gibt es bereits in alter Zeit Scheidungsgründe. Da diese aber nicht zur Gültigkeit notwendig sind, kann nach einer grundlosen Scheidung nicht gesagt werden: *et idcirco mulier adhuc nupta esse videatur*. So sprechen die Quellen immer dann, wenn die Scheidungsform nicht beachtet worden ist [6]. Der gaianische Text beschäftigt sich also nicht mit der unbegründeten, sondern mit der formlosen Scheidung. Wie Volterra [7] nachgewiesen hat, gehört er in den Zusammenhang der augusteischen Gesetzgebung. Seine Meinung dürfte kaum mit Gegenargumenten umgestoßen werden [8]. Die Zwölftafeln kennen demnach keine formgebundene Scheidung. Dies führt aber nicht notwendigerweise zur Annahme des Kontinuativkonsenses; denn auch der Initialkonsens ist mit der Formfreiheit vereinbar.

---

[4] MUELLER, M. *Tulli Ciceronis scripta quae manserunt omnia* II, 3 (Leipzig 1893) 398; CLARK, *M. Tulli Ciceronis orationes* II, 2. Aufl. (Oxford 1946) ad h. 1. Vgl. auch die Ausgabe von BOULANGER und WUILLEUMIER, *Cicéron, Discours XIX* (Paris 1959) 126. Dort steht nach *iussit* ein Semikolon. Interessant ist die persönliche Bemerkung von WATSON: *TR* 33 (1956) 43 Anm. 18.

[5] *TR* 28 (1960) 1; vor ihm schon LEVY, *Hergang* 19: « Die lex, von der Gaius redete, war, wie die Inskription erweist, ohne Zweifel das Zwölftafelgesetz ». Dagegen ROBLEDA, *Vinculum matrimoniale* 14 Anm. 22: « Absonum omnino videtur, exstante lege Augusti, Gaio proximiori, quam Codex decemviralis, Gaium nominantem legem sine addito, se retulisse ad istum Codicem ».

[6] Vgl. D. 38, 11, 1, 1: Ulp.; 24, 1, 35: Ulp.

[7] *Studi Biondi* II, 123-140.

[8] YARON: *TR* 32 (1964) 554-557, hat versucht, seine These gegen VOLTERRA zu rechtfertigen.

§ 30. Die Frage der Scheidungsform in der Klassik

I. Vor Augustus

Die Fachleute vertreten den Standpunkt, daß die Klassik vor der augusteischen Gesetzgebung keine Scheidungsform kennt. Seit Plautus ist die Formel: *tuas res tibi habeto* zwar üblich, aber nicht zur Gültigkeit gefordert [9].

Eindeutig ergibt sich die Formfreiheit aus drei Texten: D. 24, 1, 32, 13 greift zur Klärung der Frage, ob die Ehe geschieden ist oder nicht, auf den *honor matrimonii* zurück. Wäre eine Form notwendig gewesen, dann wäre dieser Rückgriff überflüssig [10].

Wie Cicero (De Oratore 1, 40, 183) ausführt, werden bei der Scheidung *certa quaedam verba* genannt. Es geht dabei um die Frage, ob die *novae nuptiae* die Scheidung implizieren können oder ob die *certa quaedam verba* in jedem Fall ausgesprochen werden müssen. Wäre dies notwendig gewesen, dann wäre die Fragestellung Ciceros gar nicht aufgekommen [11].

Auch D. 25, 2, 11 pr. bietet ein Argument für die Formfreiheit:

> Marcellus libro octavo digestorum scribit, sive vir uxorem sive uxor virum domo expulit et res amoverunt, rerum amotarum teneri.

---

[9] Vor Plautus ist die Form gebräuchlich: *Baete foras.* So lesen wir bei Varro, ap Non. 77: *annos multos quid parere ea non poterat mulierem foras baetere iussit.* Dazu Bonfante 245; Plaut. Cas. 210: *i foras mulier;* Amph. 298: *valeas, tibi habeas res tuas;* Tr. 266: *tuas res tibi habeto;* Apuleius: Met. 5, 26: *tibi res tuas habeto;* Martial: Ep. 10, 41, 2: *iubes res sibi habere suas;* Quintilian: Decl. 262: *tunc repudiatam tu credis uxorem, cum res suas sibi habere iussa est?* Gaius (D. 24, 2, 2, 1): *in repudiis autem, id est in renuntiatione comprobata sunt haec verba: tuas res tibi habeto, item haec: tuas res tibi agito.* Juvenal, 6, 146, überliefert eine andere Formel: *collige sacinulas, dicit libertus et exi.*

[10] Robleda: *Per* 58 (1969) 385, bezeichnet diesen Text als « *textus vere comprobativus possibilitatis veri (ad effectus civiles) divortii absque forma ulla* ». Vgl. auch Corbett 235, Andréev: *RH* 35 (1957) 7 und Watson 54. Bestünde ein Formzwang, dann wären folgende Texte nicht zu interpretieren: D. 23, 2, 33: Marcell., 24, 1, 64: Iav.; 24, 2, 11: Ulp.

[11] Vgl. dazu Levy, *Hergang* 16 mit Anm. 3; Watson, 54, schreibt: « The controversy could not have arisen if there had been formal requirements for divorce ». Auch Corbett 225.

Obwohl keine Form eingehalten wird (*expulit*), kann die *actio rerum amotarum* erhoben werden [12].

Schon die wenigen Texthinweise lassen erkennen, daß vor Augustus keine Scheidungsform zur Gültigkeit vorgeschrieben ist. Diese Formfreiheit wird von manchen Autoren [13] mit dem Begriff der römischen Ehe in Beziehung gesetzt. Da diese durch einen Kontinuativkonsens zustandekomme, vertrage sie keinen Formzwang, weder bei der Eheschließung noch bei der Scheidung.

Dagegen ist einzuwenden: Die Scheidungsform wird erst seit 449 gefordert. Der Konsens soll sich aber schon mit Einführung der Gründe im Jahre 331 vom Kontinuativ- zum Initialkonsens gewandelt haben. Würde dies zutreffen, dann wäre bewiesen: Auch der Initialkonsens ist mit der Formfreiheit zu vereinbaren, so daß aus ihr nicht notwendig ein Kontinuativkonsens gefolgert werden darf.

II. DIE AUGUSTEISCHE EHESCHEIDUNGSFORM

Suetonius berichtet:

> Aug. 34: Cumque etiam inmaturitate sponsarum et matrimoniorum crebra mutatione vim legis eludi sentiret, tempus sponsas habendi coarctavit, divortiis modum imposuit.

Augustus hat also die Scheidungsfreiheit beschränkt. Dies geht aus dem *modum imposuit* hervor [14]. Die Schwierigkeit liegt darin zu erkennen, was mit dem *modus* gemeint ist. Damit sind nicht die Gründe angesprochen; denn solche werden von Augustus nicht eingeführt. Außerdem würden die Gründe den Begriffsge-

---

[12] Vgl. CORBETT 239; ferner Frag. Vat. 107; auch D. 4, 4, 37, 1: Tryph. 48, 5, 25, 1: Mac.; eod. 34, 1: Marci.; 23, 2, 44, 6 u. 7: Paul.

[13] So u. a. D'ERCOLE: *SDHI* 5 (1939) 53: « Non è quindi tollerabile con tale concetto alcun obbligo di forme per contrarre e per sciogliere il matrimonio ». Ebd. 55 führt der Autor aus: « La questione della resolubilità più ampia del matrimonio non pregiudica assolutamente il carattere della contractualità come avviene in molti diritti moderni ». Aus der Formfreiheit ergibt sich demnach nicht mit Notwendigkeit der Kontinuativkonsens. Wohl verträgt dieser keine Form, aber die Formfreiheit ist auch mit einem Initialkonsens zu vereinbaren. Nur wenn letzteres nicht der Fall wäre, müßte man D'ERCOLE: *SDHI* 5 (1939) 75, zustimmen: « Restringendo e proscrivendo assolutamente in alcuni casi la libertà di scioglimento delle nozze, egli viene ad alterare l'essenza del matrimonio, viene a farne insomma un istituto nuovo ».

[14] Dazu BIONDI: *Conferenze Augustee nel bi-millenario della nascita* 141-262 = *Scr.* II, 77-188.

halt von *modus* nicht erschöpfen. Sie sind Voraussetzung für die Scheidung. Der *modus* bezieht sich aber auf die Art und Weise des Scheidungsaktes, also auf das, was wir Form nennen. Von einer Scheidungsform spricht auch Paulus:

> D. 24, 2, 9 (2 ad adult.): Nullum divortium ratum est nisi septem civibus Romanis puberibus adhibitis praeter libertum eius qui divortium faciet.

Nach Leonhard[15] ist die Form für alle Scheidungen erforderlich. Bonfante[16] verlangt sie nur für das *divortium unilaterale*, Yaron[17] für das *divortium inter absentes*. Levy[18], Jörs-Kunkel-Wenger[19] und Schaub[20] halten die Form für notwendig, um die Frau zur Teilnahme an der *remancipatio* zu zwingen.

Im Laufe der Diskussion um den Anwendungsbereich der Form hat sich immer mehr die Auffassung durchgesetzt, die Form sei nur zur Vermeidung der Pönaleffekte einzuhalten. Diese Meinung ist daraufhin zu prüfen, ob sie eine Stütze für den Kontinuativkonsens bildet und wie sie durch die Quellen belegt ist.

A. *Zur Vermeidung der Strafeffekte*

Eine zur Gültigkeit der Scheidung notwendige Form setzt einen Initialkonsens voraus. Der Kontinuativkonsens verträgt keine Form, deren Verletzung die Zivileffekte verhindern kann; denn die Ehe wird geschieden, sobald der Konsens aufhört.

Deshalb fordern die Verteidiger des Kontinuativkonsenses die von Paulus beschriebene Form nur zur Vermeidung der Pönaleffekte, so u. a. Solazzi[21], Corbett[22], Ratti[23], Volterra[24], Kaser[25], Longo Gian.[26], Di Marzo[27], Burdese[28]. Die Form sei

---

[15] *RE* V, 1244.
[16] *Corso* I, 338. Ihm folgend DE FRANCISCI: *Enc. Ital.* 13 (1932) 70. Dagegen ANDRÉEV: *RH* 35 (1957) 18-21; auch SCHAUB: *SZ* 82 (1965) 117-118.
[17] *TR* 31 (1963) 59; auch SANFILIPPO, *Ist.* 5. Aufl. (1966) 151.
[18] *Hergang* 40-41; anders CORBETT 231.
[19] *Römisches Privatrecht* 282.
[20] *SZ* 82 (1965) 106-131; vgl. auch LONGO (G), *Diritto di famiglia* 92.
[21] *BIDR* 34 (1925) 314 = *Scr.* III, 35; dagegen LEVY: *SZ* 52 (1932) 531 Anm. 1.
[22] *Marriage* 234; 228-239; zustimmend LEVY: *SZ* 52 (1933) 530.
[23] *BIDR* 35 (1927) 209.
[24] *Studi Ratti* 413; *La conception* 34; *Il matrimonio romano* 128; 301-307; *Studi Biondi* II, 136; ferner *Nov. DI* 6 (1960) 63.
[25] *RP* I, 2. Aufl.
[26] *Diritto di famiglia* 92.

einzuhalten bei Scheidung nach dem Ehebruch der Frau, damit das Faktum der Scheidung feststehe und sich der Mann von der Anklange wegen Kuppelei befreien könne [29].

Mit der Form soll auch der Beginn der Anklage des Ehemannes und des *paterfamilias* der Frau, sowie der Beginn der 60-Tagefrist fixiert werden [30].

Dagegen läßt sich vorbringen:

a) Die Aufspaltung der Scheidungseffekte ist nur notwendig, wenn der Kontinuativkonsens bewiesen ist. Keineswegs kann mit der vorgenommenen Trennung von zivilrechtlichen und strafrechtlichen Wirkungen der Kontinuativkonsens begründet werden. Auch wer einen Initialkonsens verteidigt, kann die Effekte der Scheidung auseinanderhalten [31].

b) Von der Sache her verlangt die Scheidung nach einem Ehebruch der Frau keine Form. Zur Vermeidung der Strafeffekte genügt es, daß die Scheidung einwandfrei feststeht.

c) Wenn die Form in dem oben beschriebenen Einzelfall gefordert wird, dann muß dies aus den Quellen belegt werden. Hier ergibt sich aber eine Schwierigkeit. Von Augustus wissen wir, daß er den Scheidungen einen *modus* auferlegte, d. h. doch, Augustus wollte die Scheidung erschweren. Hätte er sie tatsächlich erschwert, wenn er die Form nur nach einem Ehebruch der Frau zur Befreiung von der Anklage wegen Kuppelei verlangt hätte?

B. *Zur Gültigkeit der Scheidung*

Die Einführung einer Scheidungsform zwingt zur Frage, ob diese zur Erlaubtheit oder zur Gültigkeit gefordert wird. Schon jetzt kann gesagt werden, daß eine Formvorschrift keine Erschwerung der Scheidung bildet, wenn sie nur zur Erlaubtheit verlangt wird. Mit einigen Gründen kann man die Auffassung vertreten, daß Augustus die Scheidungsform zur Gültigkeit vorschreibt.

Levy [32] und ihm folgend Schaub [33] haben bemerkt, daß eine Formverletzung, die die Anklage wegen Kuppelei nach sich zieht, die zivilrechtlichen Folgen der Scheidung nicht unberührt lassen

---

[27] *Lezioni* 80-81.
[28] *Gli istituti* 130; *Manuale* 282.
[29] Vgl. D. 48, 5, 2: Ulp.; eod. 30: Ulp.; C. 9, 9, 2: Impp. Sev. et Ant. (199).
[30] Vgl. D. 4, 4, 37: Tryph.; 48, 5, 2, 4 Ulp.; eod. 2, 8; eod. 40: Paul.
[31] So ROBLEDA: *El matrimonio* 121.
[32] *Hergang* 37; vgl. auch ANDRÉEV: *RH* 35 (1957) 21.
[33] *SZ* 82 (1965) 130.

kann. Nach Levy [34] ist das von der lex Iulia verpönte *divortium* überhaupt keines gewesen, d. h. die Formverletzung habe auch auf das bürgerliche Recht übergegriffen und es reformiert.

Wie Kaser [35] darlegt, behandeln die Juristen die Ehe bis zur Erklärung von Zeugen (die vermutlich in eine *testatio* aufgenommen wurde) als fortbestehend.

Nach den angeführten Autoren ist die Ehe nach einer Formverletzung nicht geschieden. Kann sich diese Auffassung auf die Quellen berufen?

1. Zunächst fällt auf, daß Paulus in D. 24, 2, 9 keinen Unterschied macht zwischen Zivil- und Strafeffekten der Scheidung [36]. Sie wird mit all ihren Wirkungen an eine Form gebunden.

2. In diesem Zusammenhang ist ein weiterer Text von Interesse:

> D. 24, 1, 35 (Ulp. 34 ad ed.): Si non secundum legitimam observationem divortium factum sit, donationes post tale divortium factae nullius momenti sunt, cum non videatur solutum matrimonium [37].

Volterra [38] gibt folgende Interpretation: Die Ehe wird geschieden, wenn der Konsens aufhört. Da die Geschenke nichtig sind, dauert der Konsens trotz Ehebruchs noch an.

Gegen diese Interpretation erheben sich Bedenken:

Zunächst geht aus dem Text nicht hervor, daß er in den Rahmen des *divortium* wegen *adulterium* der Frau eingeordnet werden muß. Er spricht von der Scheidung als solcher, ohne eine konkrete Situation im Auge zu haben.

Nach Ulpian besteht die Ehe weiter, wenn die Form nicht

---

[34] *Hergang* 37: « Auch wäre es geradezu paradox, daß eine Scheidung, die, formlos vorgenommen, im bürgerlichen Recht den vollen Tatbestand erfüllte und alle Rechtsfolgen zeitigte, im Strafrecht als nicht geschehen betrachtet worden wäre und den sich Scheidenden der Kuppeleistrafe ausgesetzt hätte ».

[35] *RP* I, 2. Aufl. 328.

[36] ANDRÉEV: *RH* 35 (1957) 13-24, verteidigt mit guten Gründen die klassische Herkunft von D. 24, 2, 9, wenn er auch das *nullum divortium ratum sit nisi* als interpoliert betrachtet. Vgl. Ind. Int. II, 89; ferner LEVY, *Hergang* 25.

[37] Zur Textkritik vgl. ANDRÉEV: *RH* 35 (1957) 3. Er hält für interpoliert: *si non ... sit und post tale divortium*. Nach ASTOLFI, 201 Anm. 14, statuiert der Text, wenn er genuin ist, die Ungültigkeit der formlosen Scheidung.

[38] *Il matrimonio romano* 123 Anm. 172; ferner LEVY, *Hergang* 23 mit Berufung auf D. 24, 1, 64: Iav.

eingehalten wird. Der Scheidungswille kann gegen die Formvorschrift nicht wirksam werden.

Mit Hilfe des Kontinuativkonsenses ist dies nicht zu erklären. Wird er vorausgesetzt, dann hängt die Scheidung vom Aufhören des Konsenses ab. Da keine Macht der Welt das Aufhören
verhindern kann, muß die Scheidung in jedem Falle wirksam
werden, so daß man nicht sagen kann: Nach der Scheidung ist
die Ehe nicht gelöst. Scheidung und Weiterbestehen der Ehe
schließen sich gegenseitig aus, weil zugleich behauptet wird:
Der Konsens hört auf und hört nicht auf.

Wenn die Ehe nicht gelöst ist, weil die Form nicht beachtet
wurde, dann heißt dies: Obwohl der Konsens nicht mehr da ist,
besteht die Ehe weiter. Die Form ist demnach zur Gültigkeit
der Scheidung gefordert.

3. Mit der Scheidungsform beschäftigt sich auch

> D. 48, 5, 44 (Gai. 3 ad leg. duodecim tab.): Si ex lege repudium
> missum non sit et idcirco mulier adhuc nupta esse videatur,
> tamen si quis eam uxorem duxerit, adulter non erit. Idque Sal-
> vius Iulianus respondit, quia adulterium, inquit, sine dolo malo
> non committitur: quamquam dicendum, ne is, qui sciret eam
> ex lege repudiatam non esse, dolo malo committat [39].

Volterra [40] legt den Text in seinem Sinne aus:

Der Mann, der seine Frau für des Ehebruchs schuldig hält,
scheidet sich nicht in der vorgeschriebenen Form. Deshalb ist
die Frau in bezug auf die Effekte der Lex Iulia noch verheiratet
(*adhuc nupta esse videatur*). Schließt sie mit einem anderen
Manne die Ehe, dann kann sie damit die bestehende Ehe auflösen.

An dieser Auslegung stört vor allem der Widerspruch, durch
die formlose Scheidung werde die Ehe zwar getrennt, aber nach
außen scheide sich die Frau erst durch den Abschluß einer neuen
Ehe. Wie kann die Ehe zugleich getrennt und nicht getrennt
sein? Entweder wird die Ehe durch die formlose Scheidung aufgelöst, dann kann dies nicht mehr durch die Zweitehe erfolgen,
oder sie wird durch die Zweitehe geschieden, dann war die formlose Scheidung nichtig.

Der Text sagt, daß derjenige, der eine formlos Geschiedene
heiratet, kein Ehebrecher ist. Dafür bietet sich eine Erklärung an.
Wie schon ausgeführt, kann die Frau durch den Abschluß einer
Zweitehe ihren Scheidungswillen hinsichtlich der Erstehe be-

---

[39] Zur Textkritik vgl. ANDRÉEV: *RH* 35 (1957) 3-4.

kunden. Ist dies der Fall, dann muß sie ihre Erstehe nicht in
einer bestimmten Form auflösen. Es liegt demnach eine Ausnahme von der allgemeinen Formvorschrift vor. So erfährt der
Text eine befriedigende Interpretation, die auch mit den übrigen
Exegesen übereinstimmt.

4. Ebenso bezieht sich auf die Form

> D. 38, 11, 1, 1 (Ulp. 47 ad ed.): Ut autem haec bonorum pos-
> sessio locum habeat, uxorem esse oportet mortis tempore, sed
> si divortium quidem secutum sit, verumtamen iure durat ma-
> trimonium, haec successio locum non habet. hoc autem in huius-
> modi speciebus procedit. liberta ab invito patrono divortit: lex
> Iulia de maritandis ordinibus retinet istam in matrimonio, dum
> eam prohiberet alii nubere invito patrono. item Iulia de adulte-
> riis, nisi certo modo divortium factum sit, pro infecto habet.

Der Text ist interpoliert [41]. Levy [42] hält alles, was auf den An-
fangssatz folgt für nachulpianische Paraphrase. Auch Andréev [43]
kommt auf Grund sprachlicher Beobachtungen zu dem Ergebnis,
daß der Text nur nachklassisch sein kann.

In diesem Falle ist folgender Schluß berechtigt:

Die Nachklassiker kennen die Aufspaltung der Scheidungseffekte nicht. Wenn sie also die formlose Scheidung *pro infecto*
ansehen, dann werden damit auch die zivilrechtlichen Wirkungen berührt. Dies bedeutet: In den Augen der Nachklassiker
wird die von Augustus eingeführte Form zur Gültigkeit verlangt.

Dies ergibt sich zweifelsfrei aus der näheren Analyse des
pro infecto habet. *Pro infecto* bedeutet nichtig. Angenommen
der Konsens ist kontinuativ, dann kann man nicht sagen, die
Scheidung sei nichtig. Die Ehe existiert ja nur so lange, als
der Konsens da ist. Hört er auf, dann muß sie zerfallen, d. h. die
Scheidung muß wirksam werden. Für eine Nichtigkeit der Scheidung ist hier kein Raum.

Ist die Scheidung nichtig, weil die Form nicht eingehalten
wird, dann heißt dies: Obwohl der Konsens nicht mehr vorhanden ist, bleibt die Ehe bestehen. Der Konsens wird also

---

[40] *Il matrimonio romano* 306; *Studi Biondi* II, 134-136. Siehe auch
DI MARZO 80-81. Dagegen ROBLEDA, El matrimonio 262 Anm. 59.

[41] Ind. Interp. III, 69.

[42] *Hergang* 21. Der Autor erkennt den Zusammenhang mit D. 24, 2,
9 an. Er macht auf die sprachlichen und sachlichen Ungereimtheiten aufmerksam und stellt die Frage, ob die zweifellos klassischen Gesetzeszitate
sich in einen anderen Text einbauen lassen.

[43] *RH* 35 (1957) 4-9.

nicht gefordert, um die Ehe in jedem Augenblick zu erzeugen.
Er hat seine Funktion erschöpft, wenn er die Ehe hervorgebracht
hat. Sie existiert unabhängig von der Kontinuität der Konsensabgabe. Die Rede von der nichtigen Ehe setzt einen Initialkonsens voraus:

a) Die Ehe besteht gegen den Willen des Scheidungswilligen fort. Also kann sie nicht dauernd von seinem Willen geschaffen werden.

b) Die Scheidung ist deswegen nichtig, weil das Gesetz den
Willen gegen die Formvorschrift nicht wirksam werden läßt.
Das Gesetz verhindert nicht das Aufhören des Konsenses. Dies
ist unmöglich. Das Gesetz gestattet nicht, daß der Scheidungswillige ohne Einhaltung der Form den Effekt seines Konsens-
widerrufes erzielt.

Folglich kann nicht bestritten werden, daß die Einhaltung
einer bestimmten Scheidungsform in der Nachklassik zur Gültigkeit der Scheidung notwendig ist. Allerdings stellt sich die
Frage: Welche Form ist hier gemeint, die augusteische Form
oder die seit 449 geforderte *missio repudii?*

Die angeführten Texte beziehen sich auf die in D. 24, 2, 9
genannte Form [44]. Seit 449 ist die Anwesenheit der Scheidungs-
zeugen nicht mehr verlangt. Daraus ergibt sich, daß die zitierten Texte nicht die nachklassische Scheidungsform, die *missio
repudii,* meinen können [45]. Es ist abwegig, daß die Nachklassiker
die Texte, die die zu ihrer Zeit geltende *missio repudii* betreffen,
mit Texten, die die frühere augusteische Form beschreiben, in-
terpolieren.

Die bisherigen Überlegungen führen zu folgendem Ergebnis:
In den Augen der Nachklassiker ist die Form des Augustus zur
Gültigkeit der Scheidung gefordert [46]. Die augusteische Form
kann aber nur in der Zeit vor 449 üblich gewesen sein. Nur diese
Quelleninterpretation wird sowohl dem historischen Interesse der
Nachklassiker als auch dem Rechtspositivismus der Klassiker
gerecht.

Der Verfasser gibt gerne zu, daß er nicht weiß, wie lange
die nach D. 24, 2, 9 vorgeschriebene Form zu beachten ist. Viel-

---

[44] Vgl. dazu Levy, *Hergang* 134-135; Andréev: *RH* 35 (1957) 13.

[45] Anders Solazzi: *BIDR* 34 (1925) 319 = *Scr.* III, 38; auch Volterra:
Studi Biondi II, 137; dagegen Robleda: *Per* 58 (1969) 389; ders., *El matrimonio* 267.

[46] Dies ist der Sinn des *pro infecto habet* (D. 38, 11, 1, 1), *donationes
post tale divortium nullius momenti esse* (D. 24, 1, 35), *divortiuum ratum
non esse* (D. 24, 2, 9).

leicht war sie schon lange vor 449 außer Übung. War jedoch
die Scheidung in der Klassik — wenn auch nur für kurze Zeit —
an eine Form gebunden, dann ist dies das stärkste Argument
gegen den Kontinuativkonsens [47].

Er kann aber auch nicht verteidigt werden, wenn die Form
zur Vermeidung der Pönaleffekte zu beachten ist [48].

§ 31. Die nachklassische Scheidungsform

I. IHRE EINFÜHRUNG

Die Verteidiger des Kontinuativkonsenses betonen immer
wieder, daß erst die Kaiser Theodosius II. und Valentinianus III.
die Scheidung an eine Form gebunden haben:

C. 5, 17, 8 (449): Consensu licita matrimonia posse contrahi,
contracta non nisi misso repudio solvi praecipimus. solutionem
etenim matrimonii difficiliorem debere esse favor imperat liberorum.

Zunächst wird bestimmt, daß die Ehe durch den formfreien
Konsens geschlossen wird. Im Gegensatz dazu wird aber bei
der Auflösung der Ehe eine Form verlangt: der *libellus repudii*.
Der Formzwang steht nicht in Einklang mit der herrschenden
Gesetzgebung; denn es wird nicht auf eine schon bestehende
Form verwiesen, und das neue Gesetz wird eigens begründet [49].

Die Gelehrten [50] betrachten die Einhaltung der Form als Voraussetzung der gültigen Scheidung. Sie schließen dies aus der
Gegenüberstellung von *consensu* und *misso repudio*. Wie nämlich der Konsens zum Zustandekommen der Ehe notwendig ist,
so das repudium zur Scheidung.

---

[47] Vor allem entfällt dann das Argument, daß die Klassiker das Bigamieverbrechen nicht als eigenes Verbrechen kennen konnten. D'ERCOLE:
SDHI 5 (1939) 28, hat darauf hingewiesen, daß eine Formvorschrift mit
einer kontinuativen Konsensstruktur nicht zu vereinbaren ist.

[48] Deshalb kann ROBLEDA, *El matrimonio* 263, der bekanntlich für einen Initialkonsens kämpft, sich der Meinung VOLTERRAS anschließen.

[49] Vgl. ANDRÉEV: *RE* 35 (1957) 9-10.

[50] Vgl. SOLAZZI: *BIDR* 34 (1925) 318-139 = *Scr.* III, 38; BONFANTE 352;
VOLTERRA, *La conception* 60; ders.: *Nov. DI* 6 (1960) 63; BURDESE, *Gli isti-
tuti* 130; ROBLEDA: *Per* 58 (1969) 389 Anm. 86; ders., *El matrimonio* 267
Anm. 71.

II. Ihre Bedeutung

Der Formzwang setzt einen Initialkonsens voraus. Darüber bedarf es keiner Diskussion. Gefragt wird aber, ob sich mit Einführung der Scheidungsform der Konsens gewandelt hat. Dazu werden folgende Überlegungen angestellt:

a) Aus dem Text geht nicht hervor, daß früher die Ehe durch Aufhören des Konsenses, nun aber durch dessen Widerruf getrennt wird. Der Text sagt nur, daß früher zur Auflösung der Ehe keine bestimmte Form, von jetzt an aber eine vom Gesetz umschriebene Form beachtet werden muß. C. 5, 17, 8 bezeichnet demnach nicht den Übergang vom Kontinuativ- zum Initialkonsens, sondern von der formfreien zur formgebundenen Scheidung [51].

b) Würde die Form den Konsens ändern, dann hätte sich dieser erst im Jahre 449 geändert. Die Autoren, die einen Konsenswandel verteidigen, setzen ihn aber schon für das Jahr 331 an. Entweder hat sich der Konsens im Jahre 331 gewandelt, dann kann die Einführung der Scheidungsform keinen Einfluß mehr auf den Konsens ausüben, oder der Konsens wandelt sich erst im Jahre 449, dann variieren die Gründe ihn nicht.

c) Die Einführung einer zur Gültigkeit der Scheidung notwendigen Form läßt die rechtliche Qualifikation der Gründe unberührt. Sie werden weiterhin zur Erlaubtheit gefordert.

Deshalb muß die Konsensstruktur die gleiche sein wie in der Vorklassik und Klassik. Wer keinen Grund angibt, aber die Form einhält, scheidet seine Ehe gültig, wenn auch unerlaubt. Wer aber die Form nicht beachtet, kann auch mit einem Grund seine Ehe nicht auflösen, obwohl er den Konsens zurücknimmt. Geändert hat sich also nicht der Konsens, sondern die Art und Weise, wie der Konsenswiderruf manifestiert werden muß; früher genügte jede von der Gesellschaft als Ehescheidung erkennbare « Form », jetzt ist der Scheidebrief notwendig.

Somit beantwortet C. 5, 17, 8 alle zu Beginn der Arbeit gestellten Fragen; denn die Scheidungsform offenbart die wahre Natur des Ehekonsenses im römischen Recht. Wegen der Gründe muß *consensus continuus* immer den gleichen Begriffsgehalt haben. Wegen der einzuhaltenden Form kann *consensus continuus* nicht heißen: in jedem Augenblick. Wird nämlich die Form nicht beachtet, dann bleibt die Ehe bestehen, auch wenn sie nicht in jedem Augenblick hervorgebracht wird [52].

---

[51] Vgl. Robleda: *Per* 58 (1969) 401.
[52] Mit Recht schreibt D'Ercole: *SDHI* 5 (1939) 46: « Ora è evidente

Consensus continuus kann nur heißen: bis auf Widerruf; denn nur dem Widerruf des Konsenses kann das positive Recht den Effekt versagen, wie es geschieht im Falle der Formverletzung.

Demnach ist der Konsens immer initial, und ein Konsenswandel hat nicht stattgefunden.

che il concetto del matrimonio romano non dovrebbe importare formalità essenziali nell'atto di scioglimento; esigendole si viene ad alterarne il contenuto». Der Kontinuativkonsens verträgt eben keine Scheidungsform.

NACHWORT

Vorliegende Arbeit führt zu folgendem Ergebnis:

Die römische Ehe gründet zu jeder Zeit allein auf dem Konsens, dessen Struktur stets initial ist, so daß die Frage des Konsenswandels verneint werden muß.

Der Verfasser ist sich bewußt, daß die Arbeit aufbaut auf den Erkenntnissen all jener, die sich um eine tiefere Erfassung des Wesens der römischen Ehe bemüht haben. Vor allem sind es die profunden Studien von Albertario, Volterra, Orestano und Robleda, auf die der Verfasser immer wieder zurückgreifen mußte.

Besonders verpflichtet weiß sich der Verfasser Volterra; denn ohne dessen Forschungsergebnisse wäre weder die im Thema aufgeworfene Fragestellung noch deren Beantwortung möglich gewesen.

SACHREGISTER

NAMENSVERZEICHNIS

QUELLEN

17, 2, 65, 3 : 37[100]
18, 1, 9 : 107[16]
20, 1, 4 : 29, 29[57]
23, 1, 9 : 106[3]
23, 1, 11 : 29
23, 2, 1 : 24
23, 2, 2 : 106[6]
23, 2, 4 : 44, 46, 112, 113[37], 117
23, 2, 5 : 27, 84[10], 106[2]
23, 2, 6 : 27[52]
23, 2, 8 : 106[2]
23, 2, 10 : 25[38]
23, 2, 11 : 106[7]
23, 2, 12, 1 : 106[2]
23, 2, 14, 4 : 106[4]
23, 2, 16 : 75, 106[3], 112, 113[37]
23, 2, 16, 2 : 41, 106[14], 107[19], 108, 113[37]
23, 2, 17 : 106[9]
23, 2, 17, 1 : 100
23, 2, 17, 2 : 106[1]
23, 2, 18 : : 106[5]
23, 2, 21 : 110[29], 116
23, 2, 22 : 25[38], 109, 110, 110[29], 111
23, 2, 24 : 28[53]
23, 2, 27 : 78, 80, 106[3], 113, 113[37], 118
23, 2, 28 : 106[2]
23, 2, 30 : 106[10], 108, 109, 115
23, 2, 31 : 51[32], 75, 113
23, 2, 33 : 50[30], 57, 58[9], 151[10]
23, 2, 34 : 25[38]
23, 2, 35 : 106[7]
23, 2, 38 : 78, 115
23, 2, 38, 1 : 78[21]
23, 2, 38, 2 : 78[21]
23, 2, 39 : 106[2]
23, 2, 39, 1 : 106[1]
23, 2, 42, 1 : 106[3]
23, 2, 44, 1 : 78, 101[7], 106[1], 112, 113
23, 2, 44, 6 : 103, 104, 152[12]
23, 2, 44, 7 : 152[12]
23, 2, 45 pr : 106[2]
23, 2, 45, 6 : 92, 93[35], 94
23, 2, 57 : 78[21]
23, 2, 57a : 25[38], 74[8]
23, 2, 60, 4 : 106[9]
23, 2, 63 : 79, 106[3], 106[13], 113[37], 119
23, 2, 64, 1 : 106[1]
23, 2, 65 pr : 78[21]
23, 2, 65, 1 : 25[38], 75, 79, 106[12], 114, 119
23, 2, 67 pr : 106[1]
24, 1, 3, 1 : 74, 74[10], 78[21], 106[3], 106[9], 113, 114[39], 119

24, 1, 3, 4 : 107[16]
24, 1, 32, 13 : 27[51], 151
24, 1, 32, 14 : 108[22]
24, 1, 32, 19 : 105[19]
24, 1, 32, 27 : 45[12], 106[4], 112[32], 113[37]
24, 1, 35 : 150[6], 155, 158[46]
24, 1, 64 : 50, 51, 58[9], 108[22], 151[10], 155[38]
24, 1, 66 : 26, 27
24, 2, 1 : 81, 83, 86[12], 93, 93[95], 94, 96
24, 2, 2, 1 : 151[9]
24, 2, 3 : 50[30], 51[32], 57, 58[9]
24, 2, 4 : 39, 43
24, 2, 6 : 32
24, 2, 9 : 153, 155, 155[36], 157[42], 158, 158[46]
24, 2, 11 : 46, 47, 106[5], 151[10]
24, 2, 11, 2 : 64
24, 3, 22, 7 : 41, 43
24, 3, 56 : 99
25, 2, 1 : 87[42]
25, 2, 11 : 151
25, 2, 17 pr : 114[39]
26, 4, 5, 5 : 84[6], 84[7]
26, 8, 5, 2 : 108[22]
27, 3, 7, 1 : 84[7]
28, 2, 13, 2 : 108[22]
29, 7, 14 pr : 108[22]
34, 9, 13 : 106[8]
35, 1, 15 : 27, 27[51]
38, 11, 1, 1 : 150[6], 157, 158[46]
39, 5, 31 pr : 27[49], 27[51], 106[15]
41, 2, 3, 1 : 19[10]
41, 2, 23, 1 : 83
42, 5, 17, 1 : 106[7], 112[32], 113[37]
43, 30, 1, 5 : 105[19]
44, 7, 1, 12 : 108, 115
44, 7, 31 : 108[22]
45, 1, 134 pr : 48[24]
46, 1, 70, 4 : 108
46, 4, 8 pr : 108[22]
46, 6, 4, 5 : 84[7]
47, 2, 41, 3 : 84[8]
48, 5, 2 : 154[29]
48, 5, 2, 2 : 102[12]
48, 5, 2, 4 : 154[30]
48, 5, 2, 8 : 154[30]
48, 5, 2, 30 : 102[12]
48, 5, 2, 40 : 154[30]
48, 5, 12, 12 : 63, 64, 65
48, 5, 14, 7 : 32, 87[15]
48, 5, 14, 8 : 45[12]

II. Nichtjuristischen Quellen

Apuleius
  met. 5, 26: 151[9]
Ambrosius
  ex Ev. sec. Luc. 8, 2: 35[96]
  de inst. virg. 6, 4: 35[93]
Augustinus
  de bon. coni. 3: 28[53], 35[95]
                4: 35[95]
                5: 28[53]
                6: 28[53]
                7: 35[95], 35[96]
                8: 35[96]
                12: 35[95]
                17: 28[53]
  de civit. Dei 14, 18: 28[53]
  de nupt. et conc. 1, 10: 35[95]
                    1, 11: 35[95]
                    4: 28[53]
  de utroque test. 115: 133[60]
  sermo   9, 18: 28[53]
         51, 13: 28[53], 35[95]
         278, 9: 28[53]
         392: 35[96]
Cassius Dio
  56, 18: 126[22]
Cicero
Epistolae
  ad Att. 11, 23: 126[22]
  ad fam. 8, 7: 127[37]
          8, 7, 2: 125
Orationes
  phil. 2, 28, 69: 149
  p. Cluent. 5: 126[22]
Philosophica
  de off. 1, 17, 54: 26[43]
  de rep. 6, 2, 2: 125
Rhetorica
  de orat. 1, 40, 183: 58, 151
           1, 56, 238: 60[13]
           2, 64, 260: 23[31]
  top. 4, 19: 127[37]
Columella
  12, 7, 4: 26[43]
Concilia
  Mansi 4, 331: 35[96]
Dionysius Hal.
  2, 25: 124
Festus
  v. quaesere: 29[53]

Gellius
  4, 3, 2: 28[53], 124[14]
  4, 20, 2 - 3: 23[31]
  17, 21, 44: 28[53], 124
Hieronymus
  ep. 148, 28, 3: 35[94]
Juvenalis
  6, 146: 151[9]
Leo Magnus
  ep. 159, 1-4: 32[72]
Livius
  1, 9, 14: 26[43]
Macrobius
  sat. 1, 16, 18: 28[53]
Martialis
  ep. 6, 7: 126[22]
      10, 41: 126[22]
      10, 41, 2: 151[9]
Nonius
  77 baetere: 151[9]
Ovidius
  met. 1, 319: 26[43]
Plautus
  Amph. 298: 151[9]
  Aul. 2, 1, 25: 28[53]
  cap. 4, 2, 809: 28[53]
  Cas. 210: 151[9]
  Merc. 817: 126[22]
  Tr. 266: 151[9]
Plutarchus
  Cic. 41: 126[22]
  Rom. 22: 122
Quintilianus
  inst. or. 5, 11, 32: **23**
  decl. 247: 23, 26[42], 28, 28[53]
        257: 28[43]
        262: 151[9]
        306: 23
        347: 64, 65
        368: 26[42]
        376: 26[43]
Sen. phil.
  Agam. 257: 26[43]
  de ben. 1, 9
          3, 16: 126[22]
          3, 16, 2: 125
Suetonius
  Aug. 34: 152
  Tib. 11: 126[22]

Tacitus
  an. 3, 34: 26[43]
       11, 27: 29[53]
       12, 5: 26[43]
Tertullianus
  apol. 6: 126[22]

Valerius Maximus
  2, 1, 4: 125[18]
  2, 8, 2: 123[12]
  6, 3, 10-12: 126[22]

INHLTSÜBERSICHT

HINFÜHRUNG

I. TEIL

TEXTE UND INSTITUTE

1. KAPITEL

DER BEGRIFFSGEHALT DES DIVORTIUM IN DER KLASSIK

2. KAPITEL

DIE BIGAMIE

3. KAPITEL

DIE IMPEDIMENTA

4. Kapitel

DIE CAPTIVITAS UND DAS POSTLIMINIUM

5. Kapitel

ANDERE EHEAUFLÖSUNGSTATBESTÄNDE

6. Kapitel

DIE NICHTIGKEIT DER EHE

II. Teil

DIE SCHEIDUNGSVERBOTE

7. Kapitel

DIE SCHEIDUNGSGRÜNDE

8. Kapitel

DIE SCHEIDUNGSFORM